陶华碧

老干妈创始人

陶华碧

我不坚强，就没得饭吃

张立娜 ◎ 著

华文出版社
SINO-CULTURE PRESS

图书在版编目（CIP）数据

老干妈创始人陶华碧：我不坚强，就没得饭吃/张立娜著. -- 北京：华文出版社，2016.4（2018.4重印）

ISBN 978-7-5075-4451-0

Ⅰ.①老… Ⅱ.①张… Ⅲ.①陶华碧－生平事迹 Ⅳ.①K825.38

中国版本图书馆CIP数据核字(2016)第064297号

老干妈创始人陶华碧：我不坚强，就没得饭吃

著　　　者：张立娜
出版策划：李金水　蔡荣建
责任编辑：胡慧华
出版发行：华文出版社
社　　　址：北京市西城区广外大街305号8区2号楼
邮政编码：100055
网　　　址：http://www.hwcbs.com.cn
电　　　话：总 编 室 010-58336239　　发 行 部 010-58336267　58336238
　　　　　　责任编辑 010-58336197
经　　　销：新华书店
印　　　刷：固安县保利达印务有限公司
开　　　本：710×960　1/16
印　　　张：15.5
字　　　数：220千字
版　　　次：2016年6月第1版
印　　　次：2018年4月第6次印刷
书　　　号：ISBN 978-7-5075-4451-0
定　　　价：36.00元

版权所有　侵权必究

前言

这个世界上，明星企业家有很多，而命运起点最低的只有她一个。

陶华碧，"老干妈"的创始人，一个饱经沧桑、半世浮沉的女子。她出生在一个人口众多的贫困家庭，20岁结婚，没过几年好日子爱人就病故，留下两个儿子由她照料，她独自一人支撑起这个失去另一半的家庭。一穷二白、负债累累的单身弱女子，一步一步，从最小的生意做起，摆过地摊，卖过米豆腐、凉粉，开过小饭馆，盘过小食品店，开过作坊式的小工厂……其间经历的种种辛酸让我们不得不钦佩一个弱女子的魄力和担当。

她说："要说成功的原因，是我以前太苦了，一提起来我就流泪；我丈夫去世得早，还要拉扯两个儿子长大……没有找政府贷一分钱的款，靠自己努力奋斗……"

"告诉你们年轻人一个道理：人有压力，就有动力。"

"人都有碰到困难的时候，你一定要努力。别人能拼下去，难道你就拼不下去吗？"

可以说，陶华碧的一生，是充满奋斗、拼搏的一生。她的一生无比坎坷，却把最初只有5元一瓶的辣酱做到了68亿的身价，她的名字连续数年被列入胡润富豪榜。是什么信念支撑着她具有如此强大的正能量呢？纵观她人生的传奇，可以说是贫穷给了她勇气，是坎坷给了她坚忍，是苦难给了她力量。

她说："人的一生当中，遇到困难的时候很多，但是我不怕。别人眼里可能认为我孤儿寡母的能做什么？但是我就要拼下去。否则，你吃不上饭，人家笑话你……这个过程，我觉得好累，但是也过来了，人活在世上就是要累……要活得有意义，把一切时间都抢过来。"

陶华碧在没有任何社会资源的情况下独自打拼，终于成就了一番事业。她告诫年轻人，命运给你一个比别人低的起点，是想大声告诉你，让你用你的一生，去奋斗出一个绝地反击的奇迹。

这个故事，关于独立，关于梦想，关于勇气，关于坚忍。

目录

第一章
你要尽快优秀，就要接受挑战

你不勇敢，没人替你坚强 / 003

练摊，这事儿明星也曾干过 / 007

逼自己一把，才能知道自己有多优秀 / 011

只有"实惠"，才是店面做赢的根本 / 017

命运总会在最艰难的时候惠顾你 / 021

第二章
营销，是企业的命脉

口头传播，不花钱的广告疗效最好 / 029

创业之初，走街串巷的阵痛 / 035

有舌尖的诱惑，才会有舌尖的回报 / 039

"饥饿营销"，小米、苹果都曾干过 / 044

香、辣、咸，舌尖就爱这一口 / 051

001

第三章
自己选择的路，跪着也要把它走完

非上流人的上游商业链 / 057

比我价高你没市场，比我便宜你白忙活 / 062

品牌，就是保证！ / 067

出口，最平凡也是最奢华 / 071

食品安全，任重道远 / 074

第四章
左手八大印象，右手"老干妈"

"老干妈"＝香辣酱 / 081

商业模式后紧随着的小弟们 / 085

瓶子还是那个瓶子 / 090

头像还是那个头像 / 094

从调味品到开胃菜的辗转定位 / 098

吃饭拿出来，饭后拿下去 / 103

发明要向发现致敬 / 107

香浓，油多，鲜明的商品特色 / 110

第五章
"老干妈"管理企业，并不婆婆妈妈

最优的企业文化：低调，忠诚，勤勉 / 117

不能偷懒，人性禁不住考验 / 121

有情有爱，"老干妈"的人脉杠杠的 / 125

狗肉会餐，一年就盼这一次 / 129
暗示，老板也应懂点心理学 / 132

第六章
"老干妈"，就这么任性

欠我的钱，没门！欠别人的钱，我也不做 / 139
霸气侧漏，平生就贷了一次款 / 143
做生意，就要对数字有极强的心算能力 / 148
不熟悉的领域我不干 / 153
上市圈钱论，小伙伴们都惊呆了 / 157

第七章
霸道女总裁的率性人生

亲自尝试，放低姿态取得胜利 / 163
我卖的是味道，不是包装 / 166
做事不过夜，得什么也得不了拖延症 / 171
奖你一辆轿车，说到做到 / 175
我是给你们打工的 / 179

第八章
陶华碧，一个商人的头脑风暴

能不能当老板，就看你有没有商业直觉 / 187
不欠税，不欠钱，不上市，"老干妈"潇洒指点江山 / 192
治大国如烹小菜，做企业如做辣酱 / 196
签名，企业家的脸蛋 / 200

一杯水卖出天价，不是"老干妈"的风格 / 206

第九章
"老干妈"就是正能量

从来没有一种工作叫钱多、事少、离家近 / 213
不被资本捆绑，赢得市场尊重 / 217
企业的目的是制造顾客 / 220
行走商业，必有一两门独门绝技 / 226
有华人的地方就有"老干妈" / 231

参考文献 / 236

第一章

陶华碧

你要尽快优秀，就要接受挑战

陶华碧在年纪轻轻的岁月，命运就不曾厚待她，给了她突如其来的灾难。从此，她开始了在黑暗里摸索光明、在绝望里寻找希望的日子。

　　实际上，每一个强大的人，都有过一段没人帮忙、没人支持、没人嘘寒问暖的日子。过去了，这就是你的成人礼；过不去，求饶了，这就是你的无底洞。

你不勇敢，没人替你坚强

有人说，她是一个传奇，有人说，她的经历实在可叹，可大抒一笔；也有人说，生活是一所最好的大学，磨砺了她坚强的意志；也有人粗通命理，说她的名字，陶华碧，这三个普通的字带着一种与生俱来的贵气，是这种贵气成就了她，成就了辣酱王的龙头老大。

其实，她就是一个普普通通的农家妇女，她从小砍柴、做饭、种地，在姐妹八个的大家庭里，她是那么弱小，她是那么没有力量保护自己。她想读书，她想承欢父母膝下，做一个乖巧的女儿。可是，命运对待每一个人是不同的。它的翻云覆雨手，冥冥中给每个降生到世上的人以最好的安排。

陶华碧，1947年出生在贵州省湄潭县永兴镇的一个农场里。在家排行老小，即家里的第八个女孩子。想来，家里是希望添个男孩的，结果又是一个女孩。虽然有一点小小的失望，可是父母亲对她还是有爱的。在那个穿衣吃饭都困难的年代，落生在十多口之家的陶华碧，像一棵野草，蓬勃旺盛地生长着。

都说贵州是一个山清水秀的所在。那里河水清凉，那里山草丰茂。那里的好山好水，养育了陶华碧一颗灵秀早慧的心。虽然她不能选择家庭，可是生活就是一所最好的大学，它给了她磨难，磨难却给了她毅力，给了她一颗为生活不停拼搏、不停上进的心。

彼时，她年纪尚小，小孩子总是爱好美食的，她也不例外。可是家庭条件有限，她经常饿得浑身发抖。在供养八个子女的家庭中，父母供她们吃饱穿暖就已经很费力气，何况读书。

穷人的孩子早当家。在瓜菜代粮的饥荒岁月里，她挖野菜，尝试植物根茎的各种吃法，她用仅有的一点口粮，做成各种美味的食品。农家百姓生活简朴，姐妹众多，每一年她的衣服都是姐姐们穿剩下的，每一年的过大年，全家才吃上一顿肉。她的爱美之心，她对舌尖的向往，潜伏于她穷困潦倒的环境中。据心理学家说，一个人的本能被压制，就会从其他地方寻找补偿。年纪尚小的陶华碧，为了提升味蕾的感受，采用了大山里一种特殊的中药材，又采用自家种植的辣椒，酿制成了一种天然风味的辣椒酱。众姐妹们吃了都赞不绝口，父母也对这最小的女儿刮目相看。

童年是美好的，对于家境贫寒的农家女子来说，童年就是填饱肚子，用最简单的饭菜做出最鲜美的口味。用基本原料做最好吃的饭菜，这种人类最基本的本能，对于含着金钥匙出生在富贵人家的、整天海鲜鲍鱼佐餐的人，是做不到也想象不到的。这种在贫苦的环境下依然保持乐观、保持苦中求乐的能力，是养尊处优的人不具备的。它是一种本能，更是一种被激发的潜能力。也正是这种在苦境中乐观的能力，触发了一个弱女子最强的斗志，也正是这种能力，成就了以后的"老干妈"。

最璀璨的烟花，在夜里绽放，才会迸发出它的美。"强者"两个字，不是随便赋予的,也不是轻松写就的。在被人称作"老干妈龙头大王""女强人""辣妈"之前,她只是一个普通得不能再普通的女子,她悲苦的人生历程,不得不让我们再一次回顾审视。

20岁的时候,她结婚了,嫁给了地质队的一个会计,并且有了两个可爱的儿子。命运好像眷顾了她,向她悲苦的人生灌入了一些甜,岂知上天只是给她开了一个残酷的玩笑。没几年,丈夫就患了重病,而两个儿子还小,要读书,要吃饭。家里的顶梁柱倒了,她不能倒,没有正式工作的陶华碧,她的人生跌到了谷底。

生存还是灭亡?她还年轻,在其他夫妻你侬我侬、恩恩爱爱的时候,她却以泪洗面。爱人的病痛折磨着她,她的心如火焚烧。爱人的目光带着说不出的隐痛,他想放弃生命,他不想成为她的累赘。陶华碧握着爱人的手,告诉他,有她在,这个家就不会坍塌,他点了点头,心如刀割。

当年,他的工资只有30元,这点钱要治病,还得养育孩子,供孩子读书,是很难维持的。陶华碧在爱人病情有点好转、还能够自理的时候,告别了爱人,毅然背井离乡,去了遥远的大都市——广州打工。

每一个在外打工的人,都有一颗漂泊的心。在今天开放的社会,到处可见背着行李、一脸疲惫的游子。他们为了以后的美好生活,在陌生的城市奉献着自己的汗水和青春。

人言落日是天涯,望极天涯不见家。古人无数次地描绘游子的心态,在家千日好,出门万事难。身在异乡才知道家庭的温馨。虽然那个家已经摇摇欲坠,但依然是她灵魂休憩时的港湾。

游子的心,是一颗落寞的心。在外要适应外面的人情世故,有时候还要忍受一些不得已的委屈。世上最近也最远的距离是人心和人心的距离。陶华碧背井离乡，走在城市工厂的小道上。她带去了自己亲手酿制的辣椒酱，她每一餐舍不得买菜，就以馒头就辣椒酱来填饱肚子。

她生就一颗乐善好施的心，她带去的辣椒酱给了工友一些，工友们吃了都说好吃。于是每一次回家，她都会做很多辣椒酱，用以送给像她一样舍不得花钱买菜的工友。虽然在都市里，她和工友相处得融洽团结，可是她的心里无时无刻不在惦念着家里的亲人。她的两个儿子长得和她一般高了，能不能吃饱饭？爱人的病痛好些了没有？家里的钱够不够花？她想念亲人，想孩子，挂念爱人。

然而，让她一直担忧的事情终于还是发生了。她的爱人由于病情加重，撒手人寰，离开了人世。家里的孩子没人照料，她回到了家，泪水哗哗地流了下来。

一个弱女子，两个幼稚的孩子，构成了一个"新"的家。唯独少了枕畔安慰的那个人。当时虽说他有病，可是陪她说话，就曾给她莫大的安慰和鼓舞。如今，唯一那个安慰她的人走了，她也想跟着他去。

有一个名人说过，死容易活着难。陶华碧不能死，她的两个孩子还需要她的抚育。她必须要站起来，可是，当生活的大山压在她肩膀的时候，她简直是求死不能求活也难。

文人墨客会在这时候撰写优美的篇章，譬如，石头缝里的小草，暴风雨里的海燕，悬崖边的劲松……所有的篇章，不过是身在温柔乡里的人的呓语，对于真正落在苦难里的人，尤其是一个女人，一个大字不识的女人，是不起任何作用的。

现实社会的残酷，必须要人抛弃一切不切实际的想法，去真枪实刀地干活，去走街串巷做买卖，去挣每一分钱，这样日子才会过下去，好日子才会有盼头。

陶华碧擦干泪水，站了起来。

练摊，这事儿明星也曾干过

爱人离开人世后，陶华碧还要艰难地活下去。她是一个女人，也是一个母亲。两个儿子像小树苗一样，窜得和她一样高了。他们要读书，要吃饭，他们也需要其他孩子享受的玩具、零食。

虽然这个母亲肩负重担，疲惫不堪，可是，有妈的孩子是个宝，没妈的孩子是棵草。他们虽然生长的环境，有风吹有雨淋，有艰苦岁月里不能享受到的山珍海味、变形金刚、奥特曼以及服装名牌；可是，他们有最伟大的母爱，那个母亲累了、疲惫的时候，从来没有大声训骂过他们一句。他们的母亲，孱弱渺小，可是那肩膀能挑得起一座山峰。他们沐浴在母爱的关爱里，幸福、茁壮地成长着，像小鹰一样翱翔着。

在当时的条件下，陶华碧从来没有说过让孩子退学不读书的话。个性坚强的她，在街上摆过地摊，做过各种买卖。只要能让这一家人活下去，能吃得饱饭，交得起学费，读得起书，她什么苦都能吃，什么罪都能忍。没有生长在豪门深院，没有锦衣华服，没有三十六层棉被下那颗豌豆也能感知的公主做派，她的双手撒下的是汗，她双脚走着的不仅是土地，也是人生。

街旁的商贩认识她，道上的行人认识她。她在街道上卖过蔬菜，三毛钱进的黄瓜，别人卖一元，她只卖五毛；她于心不忍，她觉得挣钱要有道，不能赚得太狠。她人品好，待人直心肠，不会拐弯抹角。渐渐地，她的回头客越来越多。即使如此，卖菜的微薄利润还是让他们一家过得入不敷出。

每个夜晚，她辗转反侧，为了家境的贫寒，她已经想尽了办法，怎么办？她一筹莫展。

有的人劝她，改嫁算了。反正你的婆婆对你也不好，爱人的肝病欠下的几万饥荒，都摊在你头上。一个三十几岁的女人，年纪还不大，长得面貌端庄，人老实能吃苦，改嫁也许是唯一一个出路。

陶华碧想也不想改嫁的事。爱人在世时，她和他恩恩爱爱，夫唱妇随。爱人有文化、有品位，能写一手漂亮的毛笔字，能把算盘打得啪啪响。陶华碧大字不识一个，虽然他们在一起的时间不是很长，可是在一个充满书卷气的爱人身边，她学到了很多。爱人让她感知了生活中的"幸福"二字，爱人的熏陶让不识字的她，说话办事有了品味。

陶华碧感恩上天给了她天下最好的夫君。她受他的嘱托，绝不虐待孩子，一定要让孩子读书上进，像他们的父亲一样有文化、有修养，长大了，做一个对社会有用的人。

所以，陶华碧三十多岁守寡，却没有想过嫁人的念头。爱人走了，没人可替代。一有人劝她嫁人，她就会用一句话把对方噎回去：如果嫁人，先把我两个儿子供出来再说。

旁人知道，陶华碧的意思是，两个儿子要读出大学再商谈婚嫁。可是彼时，她两个儿子还在读中学，大学毕业还有好几年，这不是明明堵人家的嘴吗？渐渐地，没人再和陶华碧提再嫁的事了。陶华碧含辛茹苦地抚养着两个牛犊一样强壮的儿子，她立志：自己吃不饱可以，孩子不能吃不饱。

在街边卖菜的营生维持着他们的日常开销。大儿子高中毕业后，不想复读高中了，为了减轻母亲负担，他去部队当了兵。小儿子在读中学。陶华碧多么想让大儿子上大学呀。当时的大学还没如今这么遍地开花，一个村能考上大学的孩子寥寥无几。陶华碧自己没有读大学，她希望儿子能够成为大学生。

可是大儿子李贵山看到母亲太辛苦了，他不愿意让母亲再负担自己四年的大学学费，他选择了去部队当一名军人。

陶华碧看在眼里，疼在心里。她知道，无论如何也劝不了执拗的大儿子了，于是，她把希望都寄托在小儿子身上，希望小儿子能读大学，做一个具有书卷气息的文化人。

小儿子李辉更是一个懂事的儿子，和哥哥比起来，他更像父亲。李辉喜欢看书，没事喜欢写写画画，有一种与生俱来的灵秀气儿。手心手背都是肉，陶华碧挂念着去了部队的大儿子，也一心一意培养着小儿子，希望他长大后翱翔于高天阔海，做出一番事业。

小儿子有着一颗善感的心，读书闲暇之余，他来替妈妈看摊。陶华碧生怕耽误了儿子的学业，要儿子回家。李辉说，妈妈，我一边看摊一边看书，当年毛主席为了锻炼毅力，故意去街市上读书呢。

陶华碧看着乖巧懂事的儿子，又无奈又心疼。时间长了，大家都知道，陶华碧虽然过得潦倒穷困，是一个没人帮衬的寡妇，可是她有两个懂事的儿子，儿子就是她最大的财富。

摆摊的日子无疑是枯燥无聊的，中午也不能午睡，晚上很晚才能收摊，一大早就得去进货。披星戴月，早出晚归。唯一的慰籍就是墙上贴的小儿子的奖状，那红艳艳的"奖"字，是她心中的太阳，是她的希望和安慰。

千锤万凿出深山，烈火焚烧若等闲；粉骨碎身浑不怕，要留清白在人间。这是明朝名臣于谦的明志诗。意思是做人要像石灰一样不怕焚烧捶打，做人要清清白白，对得起良心，这样才无愧于一生。陶华碧没有读过书，但是她在小儿子晨起的读书声中，听到过这首诗。她喜欢这首诗的通俗易懂，喜欢它表达出的涵义。只有历经辛酸坎坷的她才知道，咏志诗好写，真正做起来却难。但是如果为了安逸的生活放弃了良心，抛弃了做人的底线，又不是她的本色。

她爱两个儿子，爱这个三口之家。不管有多苦，她都能够坚持自己的本色生活，不屈服于世俗，不违背自己的底线，这正是她追求的真谛。

摆摊丢人吗？对于一个生活在底层的女子，只要是清清白白靠双手挣钱，就不丢人。

其实，在我们的生活中，又何止一个陶华碧。

演员梁家辉曾有一段被雪藏的日子。没戏拍的日子，他用皮条和铜线自己设计成小手镯，拿到铜锣湾大宛百货门口去摆地摊，还经常被警察追得满街跑，那情景和电视上的警匪片简直一模一样。

周星驰自小父母离异，他和妹妹成了爹爹不疼舅舅不爱的多余的人。在寄养外婆家期间，他帮助外婆在街口卖指甲钳，外婆家生活本就窘迫，他和妹妹的到来使得家里更加寒微。摆摊的日子，让他体验到了世态炎凉，他从小就对人情世故看得透彻。于此，在他成为公司老板后，才会不惜余力地拍摄底层小人物的现状和挣扎，他也因此赢得大量粉丝。

刘德华出身农村，父母不甘心当农民，在城里开了一家小饭店。从小他就和妹妹起早贪黑，帮助父母照顾生意。早晨挑水，晚上洗碗。这种艰苦的环境，让刘德华受益终身。成名后，他感慨地说："那时的经验让我受益无穷，使我学会独立生活、照顾自己。我虽然目前置身五光十色的娱乐圈，但内心仍保持着庄稼人吃苦耐劳的本性。"

虽然陶华碧不认识这些明星，也没有时间探究明星的生活经历。可她为生活奋斗的拼搏精神，和这些明星毫无差别。她的脑海里只有活下去，活出个人样来，不再被人看不起。这就是她的信念，她的目标。

练摊不可耻，可耻的是好逸恶劳，可耻的是贪婪懒惰，可耻的是坑蒙拐骗。都说无商不奸，可陶华碧就要做第一个吃螃蟹的人，就要做一个不奸的商人。她笃信一个字：信。人有信才能立足于社会，人有信才能做大做强。

逼自己一把，才能知道自己有多优秀

佛祖在让唐朝和尚玄奘西天求佛时，特意设置了九九八十一难。只有越过了所有的障碍，历经所有的心魔并不为所惑，最后才能取得真经。陶华碧在成为商界大王"老干妈"之前，历经了上天给她的所有苦难，才成就了她今天的淡定和超然。

如果说，在市场卖菜的生活是陶华碧对商界认知的第一层启蒙。那么，"诚信为本"作为她的信条，从摆摊卖菜转为卖凉粉和冷面，从而助她最后开工厂办企业，一切都是那么顺其自然。"偶然"转化为"必然"，是一个量变到质变的过程，也是一个女人最终用实力证明她能"行"的过程。她坐在国务院召开的大会上慷慨陈词，痛斥假货和赝品、号召打假的神采风貌，真可以用时下流行的一个词"霸道总裁"来形容。

还是在摆摊的时候，有一次儿子病了，陶华碧向一个姓杨的老师借了一百元钱。过了几天，陶华碧准备好钱准备还给杨老师，杨老师竟然两个月没有来买菜。陶华碧着急呀，她可不是欠债不还的人。欠别人的钱，她一天都睡不着。

陶华碧虽然是个农村妇女，可是她本性秉直，借钱还钱，是天经地义的一件事。殊不知，如今多少商人忘了做人最根本的一条，时常借钱不还，赊账成了烂账。借钱的人成了黄世仁，要钱的人反而成了杨白劳。所以浮躁的环境下，商界里靠坑蒙拐骗、靠投机取巧、靠祸害百姓发了横财的，确实有那么几个人。这种人让好人摸不着前方的方向。

究竟是随波逐流，还是洁身自好？人人都在迷茫中找寻答案。

陶华碧从来没有为此有过半点犹豫，她想做人就要堂堂正正，当她辗转打听到杨老师在航天器材技术学校工作时，陶华碧跑到学校去还杨老师钱。门卫告诉她，杨老师出国了，估计几个月才能回来。

陶华碧并不失望，能找到杨老师的单位就是收获。等杨老师回来的时候，她一定要把钱亲自交给杨老师，向她道谢。

离开的时候，陶华碧发现不远处是个冷面摊位，她饥渴难忍，就走到摊位前，要了一碗冷面。陶华碧一边吃一边打量这家小饭店，觉得中午正是吃饭的时候，人却稀稀拉拉不算多。她品尝着冷面,觉得比起自己在家给孩子们做的冷面,味道稍微差了一点。

陶华碧是个爱管闲事的热心人。她招呼饭店的女老板:"妹子,给你说句实话吧,你这面做得不够地道。"

老板正发愁生意难做,听了陶华碧的话,说道:"大姐,你说我有什么法子呢,别人不来,我也不能硬拉人家买我的冷面吧。"

陶华碧微微一笑:"我教你一个法子,看看行不行!你看,你这面要用火蒸出来才有筋道,用水煮的就差一些。还有米豆腐放的石灰有点多了,硬邦邦的,另外就是你这辣椒油,火候没到就起锅了,吃起来不香。"

女老板这才恍然大悟,知道为何自己的冷面生意维持得这么艰难了。做得不好吃,客户第一次来了,没有满意,第二次、第三次谁还来呀?本来这种小本生意,招来的就是回头客,不好吃没人肯做回头客的。

女老板看陶华碧是个能人,自己做这生意确实客流量太少,她建议陶华碧在自己这打工,陶华碧拒绝了,她说:"我还有个菜摊子要管呢。"

老板只好说:"你看我这的生意差得马上就要关门了,妹子,你好人做到底,就帮帮我吧。而且,你做的凉粉和冷面,我不白让你忙活,我多给你些钱。"

陶华碧心肠软,听不得别人说软话,只得答应了。

老板心里想打的主意是,死马先当活马医,饭店的生意反正一天不如一天,万一她能把我的饭店转危为安呢。

陶华碧想了想,觉得卖菜一天也挣不了几个钱,如果在她这帮忙,自己出原料、手艺,帮助了她也就帮助了自己。

卖菜的这几年,陶华碧没攒下什么钱,丈夫得病拉下的饥荒,她一分也不差人家的，都还清了。没有了欠账，她并不轻松。大儿子眼看已经到了娶媳妇的年龄，小儿子马上就要上大学，这两笔费用，又是两座沉重的大山。她刚刚还了账，卸掉了一座大山，另两座山更加沉重。

陶华碧答应了女老板，以后，陶华碧在家做了凉面、凉粉和辣椒油给女老板送去。陶华碧做得的确好吃，尤其是用了她亲手炸的辣椒油，和着冷面和水豆腐，简直是喷喷香。陶华碧的手艺给这家凉粉店增加了人流，就这样干了两个月，杨老师出国回来了。陶华碧把钱还了杨老师，杨老师早就忘了这一百元钱的事了，她没想到隔了好几个月，陶华碧还记着还钱。当时杨老师看陶华碧不容易，准备不要那笔钱的。人家主动还钱，这种贫贱不能移的品德，实在让人敬佩。

杨老师问起陶华碧的近况，陶华碧喟然长叹，脸上流露出痛苦的神色。她的压力太大了，今天被杨老师蓦然提起，她想流泪，可是她忍住了。她可不能在别人面前掉眼泪，即使流泪也得回家流去。

杨老师后悔不该提及陶华碧的伤心事。两人分手后，陶华碧坐在女老板的店里，有一点发懵，她觉得生活就好像没有尽头似的，"苦海无涯"这个词，说的就是她这种情况吧。

苏轼在《赤壁赋》中，有一句很感伤的诗："舞幽壑之潜蛟，泣孤舟之嫠妇。"是说一个女子，由于失去了爱人，自己无法生活，悲苦伤心之际，在一个孤舟上避着众人幽幽地哭泣，那情景就跟一条蛟龙陷在幽暗深邃的谷底一样悲痛欲绝。那种孤独绝望，无人能够体会。

只有在忙碌的时候，陶华碧才是快乐的。因为劳动让她忘记了伤心事，在忙碌中，她就跟换了个人似的，一扫阴霾，精力旺盛，炸辣椒、和面、蒸冷面、做米豆腐，这些都是她一个人干。

生活中，很多人对着电脑或者手里拿着笔记本、iPad、iPhone6，一边发着旅游的风景或者美味大餐的微博，一边发着莫名其妙的牢骚：痛并快乐着。

曾有一度，我觉得"痛并快乐着"这句话很流行、很鸡汤，并将它写在笔记簿的扉页上，不仅给自己看，更多的是展示给外人看；曾有一度，呈45度角凝望天空，一边故作惆怅一边明媚忧伤成为小资们的家常便饭。可是这些的"伪痛苦"反射到陶华碧的人生经历中，显得是那么脆弱，那么不堪一击。陶华碧的痛苦是活生生的痛苦，是刀架在脖子上、咬牙活下去的痛苦。她的痛苦是具体的，她的痛苦是吃喝拉撒，是母亲养育子女过程中催发的本能。

陶华碧给女老板送了一段时间的凉粉和冷面，连同她亲手炸制的辣椒油，都免费送给女老板。别人的辣椒油放在凉粉里，吃起来不是辣得呛口，就是辣椒炸的火候比较小，只有辣味却无香味。陶华碧是个实心眼儿，她觉得既然做就得做好，既然卖给客户就得让每一个人吃了都觉得好吃。

童年为了能吃得好一些，吃得可口一些，她曾变着法子给家人做饭做菜，炸辣椒是每个人都会做的一件事，尤其是生产辣椒的贵州，炸辣椒、腌辣椒、泡椒几乎是当地约定成俗的一种开胃菜品。陶华碧小时候就懂得，辣椒过一遍油，吃着会比较香，用窝头、荞麦面饼子蘸着辣椒油吃，别有一番美味。

辣椒不贵，用的油也不多，最经济实惠，所以在童年和少女时期，陶华碧就实验了炸制辣椒油的各种方法，总想方设法做得比别人家的辣椒油更可口。贵州的气候比较多变，当年的人们医疗条件差，各种疟疾横行。辣椒不仅仅能够开胃，还有一个让人忽视的功能，就是预防疾病。辣椒具有的辣味能够杀灭食物里的各种病菌，而生活在大山里的陶华碧，自小就知晓大山里的哪种中草药可以入味，哪种中草药可以去火止痛。陶华碧采摘这些中草药回来，一遍一遍地试验，在炸辣椒的时候，亲口尝试哪种草药既提升了美味，又预防了疾病。在这个过程中，陶华碧摸索出了一套自己的方案。她炸的辣椒油，香、辣、脆，就是涂在窝头上，吃起来也比披萨、汉堡好吃。

不要说西餐那时候陶华碧没见过更没吃过，即使如今陶华碧坐拥68亿资产，餐桌上、酒席上、宴会上，吃什么都是随手可得。那些肯德基、汉堡，陶华碧依然是不屑一顾。她还是喜欢自己做的辣椒油、辣椒酱。因为自己做的辣椒油是真正的绿色食品，是来自天然的食材。

人本来就是来自于自然，最后回归于自然。随着人们对环保的认识，对养生的关注，绿色食品越来越成为人们餐桌上的必备品。陶华碧炸的辣椒油，用的是家乡的天然植物油，辣椒是生长在广袤大地上的天然辣椒，经历了风雨的侵袭，日月的精华，这些辣椒具有天然的口感。陶华碧经过数十年的研制，对辣椒美味的一次次提炼，终于炸制出让人"一日不吃，如隔三秋"的辣椒油。这独特风味的辣椒油，不仅仅香、辣、脆，荟萃了陶华碧在艰苦岁月里苦中求乐的探索精神，还凝聚着陶华碧对一家人的爱。

她是个心底有爱的女子，是生活给了她太多的不公平，才使得她心底涌动着酸涩的苦。上天曾给了她一位可心的爱人，却让他们人天两隔。那时候，她是多么多么地怨恨上天！怨恨命运！

可以说，"心比比干多一窍"的陶华碧，在饥苦的童年，在背井离乡的他乡，在给饭店老板附送辣椒油的过程中，辣椒从来没有离开过她的生活。她把普通的、低廉的辣椒，做成了众人赞不绝口的美味。辣椒是随处可见的调味品，可到了她手里，却成了她生活的一部分。

生活给了她苦，她以"辣"浸入人生，辣味遮住了她心里的那滴苦水，辣椒给她带来了丰满的、别样的人生。

只有"实惠"，才是店面做赢的根本

陶华碧给饭店老板送凉粉和辣椒酱次数多了，渐渐地，人们越来越离不开陶华碧做的辣酱口味。有一次，陶华碧由于劳累，浑身不舒服，就没熬制辣椒酱，也没炸辣椒油，只是把凉粉和冷面送给了老板。不料到了下午，老板就给陶华碧打来了电话，说今天来了几位慕名而来的顾客，因为没有陶华碧的辣椒油和辣椒酱，这几位顾客牢骚满腹，说这家饭店的口碑是名不符实。

老板特意从别处买了一点辣椒面，让顾客调在冷面里，可是这几位吃客还是觉得不满意，就在几位顾客不满地要走时，老板的儿子在一个角落里发现了陶华碧以前赠给的一点辣椒油，老板把这点辣椒油拿了出来，这一次，几位顾客胃口大开。临走，还要老板赠给他们几瓶刚才品尝到的辣椒油。

老板为难地说，辣椒油没了。

顾客走后，老板赶紧把这个消息告诉了陶华碧，陶华碧只是淡淡地笑笑。彼时，她并不觉得这件事有多么稀奇，她只想着一个月能挣得够温饱，够孩子的学费，够给大儿子成家立业，这些就是她的奢望了。况且，她从来没有想到过用辣椒油换钱，在她的意识里，辣椒不过是上天赐给她为她抵挡人生一部分苦味的调剂。她爱人生的这股辣味，这种浓烈的辣，这股火辣辣的冲劲儿，让她流泪的辣，带给她人生的活力和丰腴，她在品尝辣的同时，也品尝着人生。不管是在深渊还是平地，即使跌落到了最困难的处境，只要给她尝上一口辣，那些苦呀，酸啊，立刻都遁形消失。她多么爱这小小的辣椒，它教给她重新热爱人生，热爱生活。

后来，航天器材学校的杨老师看陶华碧太辛苦了，就对她说，你也开个饭店吧，肯定比给饭店送凉粉有赚头。

陶华碧有点犹豫，当时还是1989年，虽然改革开放在1979年就开始了，可是1989年，人们依然认为，万般皆下品，唯有读书高。谁都希望有一天跳出商界，成为吃商品粮的人。

陶华碧出身于农村，可是她去世的爱人曾是一名国家地质队的工作人员，即现在经常被提起的一个名词"公务员"。陶华碧曾在那种知识分子的家庭环境里生活了几年，她卖菜、背井离乡打工都是不得已而为之，真的让她开一家饭店，她还真有点发怵。

杨老师劝慰陶华碧："现在搞原子弹的不如卖茶叶蛋的。陶华碧，你一个人拉扯两个孩子不容易，给别人打工不如自己当老板，开个饭店，当一次掌柜的，我相信你能行。"

陶华碧为难地说："你看周围都是开饭馆的，我开了还有人来吗？我可是赚得起赔不起。"

杨老师说："做买卖就有赔有赚，同行不同利，你不试试，怎么知道自己不行呢。"

陶华碧被说动了。她有一颗敢闯的心，大不了失败了重来，人生已经如此糟糕了，如果不拼一次，什么时候才有扒开云雾见晴天的一日啊。

1989年，在贵阳至龙洞堡的一条街边，陶华碧的实惠饭店开张了。她用捡的废弃的砖头、旧石、棉瓦，自己盖了个简陋的棚子。棚子不大也不小，里面有几张桌子，几把椅子。再有一口锅、碗筷，就成了她饭店的全部家当。

如今，当地的人们还能回忆起，"老干妈"陶华碧开饭店的情景。那时候，她42岁了，这个年纪对于城市里养尊处优的女人来说，不过是做做美容、练练瑜伽，偶尔和同学聚聚喝点咖啡过过小资休闲的日子，对于陶华碧，生活才刚刚蓬蓬勃勃地开始，她还要拼命干活、做生意，拼命用生命的汗珠来换取钞票，来换取未来日子的安定。

人们不会忘，彼时的陶华碧，还没有坐拥几十亿的产业，她做梦都不会想到，有一天她会有一辆A8888牌照的劳斯莱斯。那时候，她的全部家当，连劳斯莱斯的一个车轮子都不值，她那简陋的棚子就是她的饭店，她养家糊口的避雨港，是她安身立命的一个小家。

家住龙洞堡的人们不会忘记，当年，在这个简陋的饭店里，他们不止一次来她的实惠饭店，品尝她做的凉粉和冷面；人们不会忘记，陶华碧总是一身朴素的装束，脸上带着朴实的微笑。她扎着白围裙，在锅灶前、在案板前忙碌着。别看她的饭店简陋，可是桌子凳子从来都是干净得一尘不染；别看她的店面小，可是顾客盈门，在她的店里，在她微笑服务的感召下，人们不由自主就有一种愉悦的心情。

那时候，她看到同行们为了挣钱，给的分量根本不足一碗，虽说成本小了，挣得多了，可是顾客能吃饱吗？如果一个人连最基本的生活条件——吃饱都不能满足,那他肯定会心怀不满。

陶华碧从小吃过饿饭的苦。当年姐妹八个,她们吃了上顿没下顿,后来还出生了一个妹妹,却被饿死了。陶华碧太了解饥饿的滋味了,那滋味就像小虫子挠着心,她可不想让她的顾客吃不饱。

陶华碧想,既然做就得实惠一些,让顾客吃饱饭,只有实惠了,回头客才多,生意才会兴隆。

陶华碧做生意,就讲究"实惠"二字,同样都是卖凉粉冷面,别人家的凉粉冷面都不足一碗,陶华碧的碗比别人的大,分量足足有满满一大碗。这一带来往的货车比较多,这些司机们日夜奔忙,非常辛苦,这些司机们由于饮食没规律,经常饱一顿饥一顿的,所以一旦落脚吃饭,分量就特别大,去别人家的饭店吃饭,一碗加一个饼还不够,吃陶华碧这的冷面,一碗再吃半个饼就饱饱的了。陶华碧的实惠饭店,就图个实惠。而且,她这儿的饭吃着还比别处的香呢。她研制的辣椒油、辣椒酱,麻辣麻辣的,让人难忘。

陶华碧的饭店虽然客流量比较大,可是陶华碧真有点心累。她太实在太诚恳了,别人赚一块,她只能赚五毛,而且她还雇着一个小工,再加上门面费,她挣得刚有盈余。

有些人劝陶华碧:"你傻呀,别人挣得比你多,你还给的分量那么足,你这不是赔本赚吆喝吗?"

有亲戚朋友劝她:"以后不能这么傻了,做生意就得圆滑些,否则挣不来钱的。"

陶华碧虽然朴实善良,可是倔起来也很倔的,她对劝她的人说:"谢谢你们的好意,我就是这种人,你不让我给足分量,我做不到!你不让我免费赠送辣椒油，我更做不到！江山难移本性难改，我就是不挣钱，我也得让人家吃饱肚子！况且辣椒也不值几个钱，白送就白送，我也没损失什么。"

人们看陶华碧还真是一头倔驴，也就不劝了。为了让过往的司机们得到更多的实惠，陶华碧的辣椒油罐子常年敞开着，这些司机愿意拿走多少就拿走多少。这些司机都说："这一路上有了实惠饭店的辣椒油，真是吃嘛嘛香，饿了就着干粮吃一口，比那些大饭店的大鱼大肉都香！实惠饭店就是实惠。"

命运总会在最艰难的时候惠顾你

陶华碧的实惠饭店的确实惠，可是长此以往，利润微薄，陶华碧也没赚到几个钱。虽然如此，陶华碧做得也很开心。实惠饭店挨着一个学校，一些学生经常来这里吃饭，陶华碧对待这些学生就像对待自己的孩子一样。陶华碧喜欢孩子，她是一个心底有爱的女人，即使看到别人家的孩子，心里也洋溢着说不出的欢喜。

时光荏苒，一个四十出头的女子，日复一日地在灶台前忙碌着。时光染白了她鬓角的头发，在她的嘴角眼尾雕刻出几道皱纹。她的实惠饭店，让周围的人得到了实惠，让学生吃饱了饭，从而更有精力努力学习。她的实惠饭店，同样在为国家培育着栋梁和人才。

这些学生当中，有一个叫欧阳梓刚的学生，学会了打架斗殴，不好好学习，整天调皮捣蛋。陶华碧看在眼里，疼在心里。她知道，一个孩子最重要的阶段就那么几年，如果像小树一样长歪了，这辈子就完了。

以后，每次欧阳梓刚来吃饭，陶华碧都要谆谆教诲一番。她看着梓刚黑黝黝的一张脸，说道："孩儿啊，你现在不好好努力，以后怎么考大学呢？考不上大学，以后在社会上难立足呀！"

这些教诲，对于一个顽劣成性的孩子来说，早已是家常便饭。可以说，耳朵里都出了茧子。梓刚嘻嘻一乐，不为所动。

陶华碧心疼这孩子没人看管，难道他的父母就不管他吗？经过了解，陶华碧才知道，梓刚的家境非常贫穷，由于弟兄们较多，父母又整天忙着种地讨生活，根本没有心思管儿子，就连梓刚的饭费，父母都拿不出来。为了吃饭，梓刚经常在同学中逞强、充老大，一些家境好些的哥们弟兄，就支援他两块钱，得以维持生活。

陶华碧听了梓刚的故事，眼眶湿润了，她想起了自己的童年，自己姐妹八个吃不饱饭的情景。陶华碧这辈子最看不得别人受委屈，尤其是在吃饭上受委屈，她就觉得跟自己挨饿一样难受。

经历过瓜菜代粮的人都记得，那时候国家经济刚刚起步，每个人都是扎紧裤腰带过日子，孩子多的家庭就会比孩子少的家庭更为贫苦。因为家里每多一口人就意味着别人少吃一口饭。陶华碧是从那时候过来的，她每次看见讨饭的人，都会把冷面、水豆腐送给他们一些。现在，她看见一个活蹦乱跳的孩子吃不饱靠哥们周济时，决定以后免费管这孩子的温饱。

以后，每次欧阳梓刚来到她的店里吃饭，陶华碧就不再收梓刚的钱。渐渐地，梓刚的心被感化了，有一天，当他吃完一碗冷面后，忽然叫了陶华碧一声"干妈"。

由于欧阳梓刚在学校里颇有人缘,他的朋友们,一帮一样大的孩子见欧阳梓刚叫陶华碧"干妈",他们也就跟着叫起来。其实,他们早就想叫陶华碧"干妈"了,陶华碧的饭店就跟他们的家一样,每次来了,陶华碧都会像母亲一样嘱咐他们好好学,同时,如果忘了带钱,陶华碧就让他们赊账,忘了还钱陶华碧也不讨要。有时候,陶华碧看到他们的衣服破了,膝盖露出来了,还会忙里抽闲,给他们补上衣服上的洞。陶华碧喜欢管闲事,心肠软,看不得穷人的孩子挨饿,这些孩子在她身边,就好像在母亲身边一样。

正是在陶华碧的感召下,欧阳梓刚发奋图强,开始刻苦学习。他说:"我不能对不起我干妈,我有出息了,一定让干妈的饭店成为贵阳最大的饭店,而不是现在这种石棉瓦搭建的棚子。"

欧阳梓刚长大成人后,果真成就了一番事业,他成为贵州省长顺县的政协委员,某县茶叶公司的副经理。他当年的理想无非是帮助"干妈"陶华碧改造改造简陋的饭店,让"干妈"的饭店看起来堂皇一些。殊不知当他成才后,他的"干妈"已经不再需要盖奢华的饭店了,他的"干妈"成为贵州省的首富,成了年缴税5.1亿,产值68亿的纳税大户。

懂得付出的人,才会有丰厚回报。只有别人有了,自己才会有。那些只懂得让自己沾光,不管别人利益受到损失的人,即使当时会赢得一些好处,可是从长远来看,他得到的迟早会还回去;而懂得付出的人,生活迟早会还给他丰厚的回报。所以古人才会说"吃亏是福",佛教里才会传诵着"作福不作恶,皆由宿行法,终不畏死径,如船截流渡"这样的禅语。

让我们重新回顾审视陶华碧的实惠饭店。彼时,由于陶华碧乐善好施,"老干妈"的名字传诵出去，方圆几百里都知道，有这么一个"老干妈"开着一家实惠饭店。陶华碧更不会想到，有一天她用这个名字做自己的企业招牌，"老干妈"的名子竟然在以后的日子里飘洋过海，传遍几大洲。

"老干妈"的名头传了出去后，很多家庭贫困吃不上饭的孩子也来陶华碧的饭店蹭吃蹭喝，陶华碧感到了压力。经过深思熟虑，她还是决定继续免费让这些家庭贫困的孩子吃饭，她想，吃不穷喝不穷，盘算不到就受穷。陶华碧想，若要弥补亏空，只有继续改造饭店的质量，才能吸引更多的顾客。

怎样改进饭菜的质量，仁者见仁智者见智。如今在大型饭店，专门掌管吃客"舌尖"的厨师工资已经逼近或超越白领。很多饭店为了追求一道名菜的制作，会花重金邀请手艺高超的厨师来饭店工作，有时候一个酒店的生存，就取决于有没有一道让人流连忘返的好菜。"口味"是饭店的软肋，没有好的口味，饭店也就难以生存。

陶华碧想，要想让自己的饭店打出名头，吸引更多的人来她店里吃饭，只有在"口味"上下功夫。凉粉和冷面的口味调理，无非是放些佐料而已，其他饭店桌上放的是胡椒、香菜、味精和酱油等，陶华碧却足足预备了七八种辣椒佐料，有风味豆豉的辣椒油、有炸制过的风味油辣椒、还有辣豆瓣干、风味腐乳、红油腐乳、风味糟辣椒、火锅底料、香辣菜、辣三丁、油辣椒等。她把自己做的辣椒佐料一瓶瓶放在桌上，谁想吃哪样就自己调在冷面里。有的学生很精明，他们来饭店既不买冷面也不买凉粉，就拿着馒头来店里蘸着辣椒油白吃来了。这样既不花钱又吃得很香，陶华碧看了，从来没有责怪过这些孩子，他们都叫她"干妈"了，她还有什么舍不得的呢！

她虽然是个平凡的女人，却有着大爱的心。正是由于她的大爱，才让"老干妈"成就了今日的宏大规模，成就了日销售额二百万瓶的光辉业绩。

"大爱"就是陶华碧的力量所在，大爱成就了"老干妈"。

由于陶华碧开发了辣椒的各种风味，来她店里的人多了，陶华碧忙得不可开交，客人们只要吃一口，就再也忘不了这个味儿，并且有时会顺手牵羊带走一些辣椒油佐料。

1994年贵阳修建龙洞堡附近的环城公路，道路开通后，陶华碧的"实惠饭店"客流量忽然增多了。司机们频繁光顾"实惠饭店"，又经常顺手带走一些辣椒酱，这种行为几乎成了家常便饭。"实惠饭店"的生意一好，辣酱的用量自然也增多了，每天都要有很多辣酱才能供得上。陶华碧白天要做凉粉冷面，晚上还要腾出时间做辣酱佐料。有人劝她，别白赠送辣椒油和辣酱了，把身体累垮了可不是玩的。

陶华碧微笑着摇摇头，她想，客户爱吃这个口味还不是自己的辣椒炸得好？如果没有免费赠送，一味地索取，那人生的意义就只剩下"贪婪"二字。

事情的转机发生得很偶然。那天，正是星期天，学生们都回家了，客流量不大。陶华碧决定去别的饭店看看。她走过了一家又一家的饭店门口，发觉他们的生意都不错，尤其令她震惊的是，她看到那些饭店里的调味佐料竟然是自己平日里免费赠送的，是这些小老板托人在她那悄悄拿回来的。陶华碧心想："我说饭店的辣椒油怎么总不够用呢，原来供着这么多的饭店呀。"

这些小老板看到陶华碧洞察了他们生意兴隆的秘密，有点不好意思，就笑嘻嘻地建议说："你趁早开一家调味店得了，省得我们整天派人去你那拿辣椒油了，我们也不好意思啊！"

陶华碧陷入了沉思……

第二章

陶华碧

营销,是企业的命脉

辣酱龙头老大的地位不是一蹴而就的，它必定有着最初的启蒙、发酵、灵光一闪、付出行动等过程。

穷人的两会：这也不会，那也不会。

奋斗的人两会：必须会，一定得会！

最困难的时刻也许就是拐点的开始，改变一下思维方式就可能迎来转机。

口头传播，不花钱的广告疗效最好

1994年11月，中华大地上，商业的大潮愈演愈烈，很多教授、知识分子放下以往清高的姿态，利用工作之余，在街上摆摊设点。很多的小商贩、小老板如同雨后春笋，几年工夫就成为企业明星，成为人们学习的励志偶像。让一部分人先富起来，人人争当企业家，经济的大潮让华夏大地出现了欣欣向荣的局面。消费者的腰包鼓了，消费者的日子好过了，此时，陶华碧冰封的心也有了动摇。

其中两件事，最终震撼了陶华碧的神经，从而让她开始转型，专卖辣椒酱佐料。

第一件事就是国家提倡有利于经济的政策。贵州省出台了针对民营企业的五不限法则：不限发展速度，不限发展比例，不限经营规模，不限经营范围，不限经营方式。

陶华碧不识字，可是她看到周围冒出了好多先富起来的人，无形中也有了动力。

第二件事就是自己开的实惠饭店，终于"送不起"了。谁让她天生一副好心肠呢！每一份凉粉分量足足，辣椒酱也让人家带够。有些过往的卡车司机爱吃她的辣椒酱，每次来了带走四五天吃的，陶华碧没有说过什么，其他邻居饭店也来蹭油，她也尽量满足。

终有一天，她送不起了。有些人来她这，不是吃凉粉来了，而是揩油拿辣椒酱来了。这样下去，她自己的饭店都不够用了。怎么办，思维模式的突破将会改变行为模式的突破，好些人劝她，你卖辣椒油辣椒酱得了。在好心人的劝告下，终于，陶华碧下了决定，1994年11月，"实惠饭店"改名为"贵阳南明陶氏风味食品店"，辣椒酱系列产品成为她的主打产品。

这就是"老干妈"的雏形。因为不再卖凉粉和冷面，陶华碧每次看到以前救济过的穷孩子们吃不上饭了，她都会流眼泪，有时候她会把他们叫到她的店里，给他们一个馒头或一块饼，让他们蘸着辣椒油吃。这些孩子们不会想到，这是陶华碧一天的伙食呀。

陶华碧见不得别人饿饭，她从小就被这种滋味饿怕了。民以食为天，一个人如果满足不了最基本的口腹需求，也就不会有更高尚的思维和社会活动。古人就说过，"仓廪实而知礼节，衣食足而知荣辱"，为了口腹的满足，原始人类站了起来，采摘果实，耕地种田，以至于以后进化成高级人类。

陶华碧的风味食品店就这样开张了，生意出奇的好。龙洞堡的饭店都来她这里进货，以后他们再也不用偷偷摸摸去她的饭店"拿来主义"了；学生们争相传告，"老干妈"的调味品店开张了，买一瓶回家，让爸爸妈妈也尝尝；过往的司机更是几瓶几瓶地购买，司机饭量大，一顿就着馒头，能吃半罐子呢。

可以说，陶华碧没有为自己的产品做过营销，大字不识的她，更不懂花钱打广告。从她摆摊设点开始,她就靠着"实惠"二字为自己赢得了口碑,到了她的调味品店开业,她也靠着"实惠"二字使得生意大好。

陶华碧调味品店里面卖的辣椒油、辣椒酱系列,都是她自己亲手制作的。她不懂什么添加剂、防腐剂这些新名词,她就知道不能害人,她就知道把辣椒佐料做好吃了,她就想让漂流在外的游子每次吃上她的辣酱,舌尖上的美味都能驱走寂寞,她就想让人吃一口就能泛起浓浓的乡味。

可以说,"营销"这两个字,不仅仅是学了几年大学课程就学会的,也不是投机取巧、靠宣传、靠忽悠就能得到人们认同的。最简单、最省钱的营销,就是陶华碧的这种口碑营销方式。吃着好吃,下次再来,就这么简单。一传二,二传三,通过扩大效应,人们普遍认同了她做的辣椒酱、她炸的辣椒油。

另外,由于阴差阳错,陶华碧当年租的南明区龙洞堡的那条街道,因为修了环城公路,来往的车辆忽然增多了。司机们都知道陶华碧这的辣酱不仅好吃,还可以白拿或者稍微给点钱,就可以带走一大罐。陶华碧做的辣椒油,对于吃饭不固定、做饭没时间的人来说,真是天上掉下的馅饼。谁说天上不能掉馅饼,这不是掉下来了吗?不仅掉下来了,还很好吃,比任何大餐都吃着美,还不花钱,或者只花很少的钱。这种便宜谁沾了谁不宣传呀?

口头宣传,就这么简单。从此后,如同猛虎添翼,陶华碧的调味品店简直是供不应求。当时她只是晚上自己在家做一些,白天在摊位上卖,她已经是一个年近50岁的女人,前些年开饭店期间,为进水豆腐的原料,自己一个人背着背箩步行十多里去油榨街进石灰,七八十斤重的石灰自己再背回来,导致她的后背得了病贴的都是膏药。现在好不容易安逸了一些,生活有了一点改善,两个儿子都有了稳定的工作,可以说,她完全可以守着这个摊位,安度晚年了。

可是她生就一颗不服输的心，而且，她还想给两个儿子创造更多的价值。女人的一生，其实就是为儿女无私奉献的一生。她没有豪宅名车，没有亲戚可以寻求支援，她从一个一穷二白、背着饥荒的日子里走了过来，养大了两个儿子，并且供他们上学读书。

调味品店经营两年了，陶华碧忽然有了信心，她想开个厂子。陶华碧当年可不敢有此雄心。其实在经营饭店时，就有人半开玩笑地建议她，开个辣椒酱厂，专卖辣椒制品。

如今，店里的生意实在忙不过来了，好多客户打来电话，要成批定制她的辣椒酱；好多学生家长品尝了孩子们带回家的辣酱，觉得这辣酱实在是天下难得的美味，也不怕路途遥远来买她的辣酱；那些司机们的口头传播更是传得远，南来北往的人，都知道龙洞堡这一片有一家食品店，做的辣椒油非常好吃，这些人不远万里来她的店，就为了买几瓶辣椒油、辣椒酱带回去。

陶华碧心里有了底。1996年7月是一个平常的日子，也是一个不平常的日子。这个日子，是陶华碧自己办厂的开始。她借用了南明区云关村村委会的两座房子，雇佣了40个工人。陶华碧的第一家工厂开张了，名字就叫"老干妈辣椒酱"。

从此后，陶华碧的辣椒制品，就如同星星之火，短短时间内就密布了全国各地，直至走出了国门。从40个人的工厂到如今5000个人的大厂；从斤装瓶子到如今千吨的大油罐；从只有两口锅到全国私营企业纳税排行第五；从经营小卖部到日销售200万瓶；从一穷二白到一年销售收入37.2亿；一瓶在国内不足10元的辣酱竟然登上了美国奢侈品销售网站的国际品牌，从不名一文到全国最大辣椒酱企业的掌门人……陶华碧正在创造一个奇迹。

你吃过"老干妈"辣椒制品吗？你一般吃"老干妈"的哪个牌子？你一般

第二章 营销，是企业的命脉

喜欢拌饭吃还是当成做菜调料吃？

相信，每一个人，都会对上述问题回答一二。因为"老干妈"辣酱制品，可以说是家喻户晓，就跟康师傅牛肉面一样，几乎每个人都吃过它，几乎每个人都会说出哪个味儿是自己的最爱，它就跟我们生活中的空气一样普遍，让人离不了。

你吃过"老干妈"辣酱，你是从哪知道的呢？它没有打过广告，你怎么会总去买"老干妈"呢？

有的人会说，我是听侄女说的，她读大学，暑假在我家小住，我问她食堂的菜做的好吃不，我侄女说，好吃，每次她都在菜里拌上点"老干妈风味豆豉油辣椒"，非常好吃；也有人说，我家的孩子不好好吃饭，后来买了一瓶"老干妈肉丝豆豉油辣椒"，那孩子每次都吃上一大碗；也有的说，我儿子在外打工，他让我买两瓶"老干妈香辣菜"给他寄去，我还奇怪"老干妈"是啥呢？到了超市一打听，服务员们都指着那印着头像的辣椒酱给我看，还说我不知道"老干妈"，OUT 了……

相信，在你刚认识"老干妈"的时候，听到过类似的话，这就是"口头营销"。

"口头营销"不神秘，神秘的是，有人给它披上了一层"神秘"的外衣。宝洁公司有一年为了宣传它新研制出来的 Cheer 品牌清洁剂，忽发奇招，花钱聘请了一些临时演员扮演成家庭妇女，让她们故意出现在各个大型超市，聚在一起大声地议论 Cheer 如何好用，过往的路人以及来商店的顾客，听到众人喧哗，原来议论的是一款新出的清洁剂洗东西特别干净，这些人觉得有必要买一瓶回家试试，反正清洁剂是居家必用品，于是纷纷购买。

以后宝洁公司推出的这一款 Cheer 的新产品，迅速占领了市场。宝洁公司把自己这种营销方式称之为"扩散营销",其实说白了就是让这些伪装成家庭妇女的人"口头营销"达到以一传百的效果。

索尼手机的厂家也曾想了一个有意思的点子,他们雇佣了一批人充当情侣,徜徉在纽约或者洛杉矶的街头,看似比较悠闲地漫步。

如果你恰好在纽约或者洛杉矶街头漫步,很有可能会遇到这么一对年轻人,他们拿着一部索尼手机,让你为他们拍照。一般情况下,谁也不会拒绝这样的请求,你也不会想到,这就是索爱手机为其新产品T68I手机推出的营销方式。他们让这些假扮的情侣邀请那些看起来比较新潮、容易接受新事物的路人为他们拍照,并且向他们宣传这款手机的新功能。

美国公司战略营销总裁 Nicky Csellak-Claeys 称此为一次"主动出击接触消费者的活动",这是索爱公司的新战略"蜂鸣营销"方式,也就是我们说的"口头营销"。

陶华碧没有学过经商管理,更不懂国外早就有人试行的"口头营销"方案,她用的是产品口碑带来的"口头营销"。她的营销方式是水到渠成,是不花一分钱的口口相传,是不雇佣演员的真正的"口头营销"。

真正的"口头营销"是星星之火,可以燎原。

创业之初，走街串巷的阵痛

陶华碧的食品加工厂办起来后，虽然当地凉粉产业的人买走了不少，慕名而来买走的也很多，可是如今是集体形式的工厂了，产量忽然增加了好几百倍，还有很多地方的人不知道"老干妈"辣椒酱。陶华碧决定走出去，她自己担任了销售人员，一瓶一瓶，在各家店铺前主动推销。

"老干妈"就是"老干妈"，生活历练出来她的闯劲儿，以前多么难、多么苦都过来了，都一步一步走来了，岂能因为销售不出去而停止生产？

有库存不是陶华碧的风格，停产更是要了她的命。要知道，办一个工厂不容易呀！当初办厂，大字都不识一个的她，办营业执照、办健康证、办生产许可证……这些五花八门的证就让她头疼。如今，工厂好不容易开起来了，怎么能因为产量大增而对销售有所顾忌呢！

"不能有库存"，陶华碧是个急性子。她走街串巷，背着辣椒酱，一个商店一个商店地敲门，一家家询问，她还去了各个学校食堂进行推销。有些食品商店地方偏僻，没有听说过"老干妈"，陶华碧就说："你们先不要付给我钱，卖出去了再给我钱。"

陶华碧没文化，可是她的营销方式总是跟得上潮流。如果没有她上门推销，不是她不辞辛苦，不怕冷眼，让人家先试着赊账销售，也就不会有今天和贵州茅台同样驰名的"老干妈"。

上门推销是最笨也是最有效的营销。有的大学生刚刚毕业，走上社会，舍不得放下脸皮，觉得走门串户，一家家敲开人家的门去推销有失脸面，所以很多人宁愿在企业做工资最低的文员，也不愿意去当销售员。殊不知，文员做几年后，你依然是文员，职业得不到提升，职场上得不到锻炼。当你年华老去，文员不再适宜你，而适合更为年轻的大学毕业生时，你没有任何选择的余地，除了离开。

只有生长在贫瘠土地上的花朵，才会珍惜远方的那朵云彩；只有经历了最艰苦的磨练，有了经验，有了积累，你才能够有和老板谈判的机会。在职场上不是你能干什么，而是你还不能干什么。如果你只会打打字，做做资料，得不到基层的锻炼，而时光轮流转，当你失去你安逸的工作时，等待你的将是你心理难以抗拒的巨大压力。那时候，你只有对天长叹，或者再去从头再来。就怕时光不等人，重来的时候，条件会更加恶劣，而年龄、经验都成了对方挑剔你的理由，与其坐以待毙不如早一些去经历人生的风雨。

可以说，陶华碧的一生，一直是加法和减法的一生。前半生，她不停地做加法，童年的饥馑给了她敏感的味蕾；贫穷带给她不怕吃苦的精神；中年期间背井离乡的打工经历给了她体验人生百味的成熟；摆摊设点期间给了她对商界的敏感；开实惠饭店期间培养了她的商业道德；经营食品店期间让她意识到自己的强大，给了她坚信自己能够把辣椒酱做好最大的信心；开办"老干妈辣椒酱"工厂期间，又给了她不畏艰难，上门推销的闯荡魄力。

等到后来她做大做强后，积极纳税，不上市、不广告、不融资，晚年信佛。她并不把自己看作富太太，依然乘公交出门，依然每天去工厂查看，依然操心每个员工的生日，从不高高在上，也不轻视每一个员工，可以说，这又是她的减法。不高高在上，也不像有些人有钱后颐指气使，她把身上那些光环如"贵州省人民代表大会常务委员会代表""贵阳南明老干妈风味食品有限责任公司董事长""贵阳南明春梅酿造有限公司董事长"等统统减去,还原为一个平民女性的身份。

陶华碧是一个很会经营人生的女人,当生活给了她贫穷,因没读过书造成她前进路上的"拦路虎"时,她巧妙地把这些苦转变成为人生的加法。可以说,从这一点来说,陶华碧就是我们人生的楷模,就是我们每个人学习的榜样。

陶华碧的上门推销,走街串巷,很有效果。因为她的工厂制作的辣酱好吃,回头客很多,很快那些进了她家货的商家给她打去电话,要她继续送货。陶华碧通过走街串巷赢得了市场,其实,这种走街串巷,对于她,根本就不算什么。当年卖菜,卖凉粉冷面,她已经在社会这个大学里磨炼了出来,她敢闯、敢说、敢做,也敢让对方赊账。因为她不怕冒险,不忌惮对方的冷眼和拒绝,也敢于应诺对方赊欠,这就是她最终成为一个企业家的魄力所在。

试想,贵州盛产辣椒,是中国著名的辣椒大省。几乎家家都会炒辣椒。有一句顺口溜形象地说明了中国几个吃辣的城市。"都说贵州人不怕辣,湖南人辣不怕,四川人怕不辣。"贵州能够在全国排列进前三,就说明贵州的辣椒产业非常成熟,也很庞大,可为什么最后只有大字不识的"老干妈"走了出来?为什么她一个不识字的家庭妇女,能做到让全国人民都吃她的"老干妈辣酱",时时刻刻忘不了"老干妈",吃完了还要买?为什么没有背景,经常免费赠送辣椒酱的陶华碧能够引领全国辣酱潮流,走出国门,走向世界?就因为"老干妈"的前半生,是加法的一生。她从零做起,一点一点积累自己的资源,积累信心,终成大业。

"老干妈"的营销,是不需要课本的营销。最初是口碑好,口口相传;后来就是走街串巷,上门推销。上门销售,对于一个女人,尤其是没有文化不识字的女人，的确有一定的难度。

陶华碧有很强的心算能力和很强的记忆力。她很会心算口算，没读过书，不代表不会算账。当她成名后，白发苍苍的她依然能够听助理读一遍讲稿，然后自己在大会上一字不落地全背下来。这种能力，是她在走街串巷上门推销的经历中历练出来的。如果不能快速口算出账目，全国各地的供应商这么多，商家马上就会觉得和你打交道没谱，你连账都不会算，以后怎么和你对账？万一你胡搅蛮缠，硬把一加一说成三呢？商家马上就会摒弃你，秀才遇着兵，有理说不清。谁也没有义务手把手地教你去学，你能做的，就是自己算得快、算得准。

走街串巷，是一种接地气的营销，是最苦最难也最有成效的营销。不管是私营企业还是国营企业，都离不开这种最基本、最接地气的营销方式。安徽省某移动公司为了加快市场营销，最近制定了"扫盲"活动。即根据客户的规模，地理位置重新划分具体承包人，分类个性化方案。开展了走街串巷，扫村入户的营销方案。走街串户，不仅仅方便了客户，直接给对方带来实惠，还具有广而告之的广告作用。

新新人类也很懂得走街串巷的"上门营销"。最近一个开着保时捷豪车上门煮面的新闻，刷爆了微信圈。这个年轻人自己开着一个餐饮品外卖的餐饮店，为了营销推广，让经营的外卖店人人知晓，达到广而告之的效果，他亲自开着豪车，去为客户煮面条。这个过程中，他不进客户家半步，自带灶具、炊具和原料，在客户所住的楼道间内给客户煮面。不到十分钟，一碗热腾腾的面就出来了。而客户只需要转发他的微信，排位150之前，就可享受到此等服务。据这位年轻人说，这个走街串户，上门服务要耗团队至少3个人力。1人负责打作料，一人负责煮面，另一人则负责在黑暗的环境里打灯，再加上汽车油钱，每日各项成本总和在千元以上。因为宣传到位了，他的标新立异的举动被人广泛传发，所以生意大好，虽然花费一些汽车油钱，却物超所值。

实际上，这个年轻人的营销方案是"走街串巷"上门推销的一种夸张和延伸。

陶华碧却认为，如今的上门营销和她建厂时期的走街串巷式的营销大不一样。以前的上门营销，来自于货郎担，货郎担里五花八门，大人小孩用的应有尽有。货郎担的优点是货真，就是一个指甲钳、纳鞋底的针锥，顶针都能用一辈子；第二个优点是价廉，几分钱就能买到。如今的上门推销，很多失去了真，却价格昂贵，简直是扯大旗做虎皮。

一样的买卖不一样的思维，一样的走街串巷不一样的心。陶华碧用的是一颗真心，是一种货真价廉的老实人的经营推销方法。她成功了。

有舌尖的诱惑，才会有舌尖的回报

这几年，有一部电视纪录片一经问世，迅速火遍了全中国，即《舌尖上的中国》。在一百多个电视台竞争激烈的今天，在美食节目风起云涌的今天，《舌尖上的中国》之所以脱颖而出，让人眼前一亮，不外乎一个字：真。它真心关注消费者的口腹，真心为消费者办事儿，真正的接地气、不浮夸。

试看《舌尖上的中国》，里面不论是香喷喷的山东煎饼卷大葱，还是陕西八大怪之一的"蓝田裤带面"，抑或是白嫩细滑、入口即化、麻辣鲜香的乐山豆花，它们都有一个特点，即消费者能够经常接触到的、经常吃到的食物。它不是宫廷盛宴、满汉全席，也并非奇花异草，天山雪莲。它是接地气的、自己在家就能做成的美食，而做工的精良，五千年传承下来的妙方，又让你恍然一悟：啊，面条还能这样做啊！

正因为《舌尖上的中国》拍摄的大部分是百姓爱吃也能吃到的食物，它能够勾起人们浓浓的回忆，思乡的情怀……所以它能够火遍全国。"老干妈"的火，也是如此。

吃馒头，可以蘸上些"老干妈风味豆豉油制辣椒"；就大饼，可以卷上些"老干妈干煸肉丝油辣椒"；拌米饭，可以和上点儿"老干妈风味鸡油辣椒"；吃面条，可以调上些"老干妈香辣酱"；卷面包土司，可以夹上些"老干妈精致牛肉末油辣椒"；做寿司料理，可以抹上点"老干妈风味水豆豉"；炒素菜荤菜，可以放上些"老干妈香辣脆油辣椒"；煲汤，可以放上些"老干妈风味糟辣椒"；蒸排骨、炖肉，煲汤可以用"老干妈辣三丁油辣椒"；就是一家人围在一起吃火锅，也有"老干妈"牌的火锅底料……不管你吃什么，采用哪种食材，都可以用上"老干妈"的相应产品。"老干妈"和我们如此息息相关，它不是高贵得不可触及，它是我们身边的一点一滴，往小了说，它关系到我们唇齿的满足，往大了说，它的存在，丰富了我们刻板的生活，给了我们火辣辣的感受和活力。

陶华碧就是一个深谙消费者口腹的女人，她平凡得就像我们身边一个慈祥的阿姨，她亲切得就像我们的干妈，她善良得就像她调制的辣椒油：油油的，代表她的实在；辣辣的，代表她的一颗火烫的心。她关心我们每一个人的舌尖，她愿意让我们每个人吃好吃饱，她就是我们的"老干妈"。

著名思想家、儒家学派创始人孔子就是一位美食家，在儒家经典著作《论语》

中，他不吝篇幅洋洋洒洒说了一段话：

> 齐必变食，居必迁坐。
>
> 食不厌精，脍不厌细。
>
> 食饐而餲，鱼馁而肉败，不食。
>
> 色恶，不食。臭恶，不食。
>
> 失饪，不食。不时，不食。
>
> 割不正，不食。
>
> 不得其酱，不食。
>
> 肉虽多，不使胜食气。
>
> 惟酒无量，不及乱。
>
> 沽酒市脯，不食。
>
> 不撤姜食，不多食。

孔子在齐国学琴曾"三月不知肉味"，不知肉味并不代表孔子的正餐就可以随随便便了。你看他：

> 过节或斋戒，不能因循守旧，还吃老一套，要变变饭食。
>
> 食物做精细些，肉丝切得细一些，这才好吃。
>
> 东西变馊了，变臭了，鱼肉腐烂了，不吃。
>
> 颜色难看，不吃。气味难闻，不吃。
>
> 火候不当，不吃。不到时间，不吃。

刀法不好，不吃。

没有好的调料酱，不吃。

肉吃多些，但不能超过主食。

酒不限量，但不能喝醉。

买来的肉和鱼干，不吃。

姜可以吃点，但不能多吃。

看看，孔子当年可真够挑剔的。当年周游列国，还是不愿意委屈自己的胃。他爱吃肉，可是他告诫自己，不能超过主食，否则会伤身体。他还说，不得其酱，不食。没有好的调味料，他建议大家都不要吃。有没有调料，在他看来很重要。

华夏民族，泱泱五千年的文明，作为一个世界级的大教育家，对美食如此地看重，对味蕾如此地厚爱，只能说明一件事，即：不管时光如何流逝，不管岁月如何延绵，美食的热爱，味蕾的享受，口腹的满足，是第一重要的。我想，孔子他老人家如果生在现在，品尝过"老干妈"辣酱，一定会写上这么一句："不得'老干妈'，不食。"

陶华碧太了解人类这一最基本的愿望了。她没别的愿望，就想把人们的肚子管饱，让人品尝美味的时候忘了所有的痛苦和烦恼，让人吃了永远忘不了——这世间还有一个"老干妈"关心着你。

随着人们对"老干妈"辣酱的认可，"老干妈"辣椒酱销量递增，陶华碧进一步扩大了生产规模，于1997年8月，"贵阳南明老干妈风味食品有限责任公司"正式挂牌。此时，陶华碧已经50岁了，从三十几岁爱人去世，不得已沿街摆摊，到今天已经过去十多个年头。她终于从一个晚上自己做辣酱、白天沿街叫卖的个体户发展成为拥有200多人的大公司。她的销售方式是简单的，口口相传是众人的借花献佛，走街串巷是她冒着冷眼的委屈隐忍，说到底，还是她的辣椒酱好吃，好吃是最大的宣传。

据说有一家科研单位，曾经研究了"老干妈"的风味特色，觉得也没什么稀奇的，于是，他们准备制作出一种超过"老干妈"的调味品。研制了几个月，采用各种据他们认为有营养可美容养颜的食材，可是研制出来后，简直难吃得要命。他们的研究课题"超越老干妈"的计划也泡汤了。

如果不好吃，任何食物都不会有发展前景。如果为了美容养颜，可以用天然植物的化妆品；如果为了身体更有营养，可以去医院输高蛋白。是什么材料就是做什么用途的，"老干妈"的主要原料就是辣椒和豆豉，辣椒可以增强人体的抗病能力，豆豉是豆类发酵而成，极富营养和药用价值。这两种生长在田野地旷、最简单最原始的食材，在人类初期就已经让我们的祖先受益。

关于食材，在远古的黄帝轩辕时期就有记载。汉司马迁编的《史记》第一篇《五帝本记》中写道："炎帝欲侵陵诸侯，诸侯咸归轩辕。轩辕乃修德振兵，治五气，蓻五种，抚万民，度四方。"

东汉经学家郑玄曰："五种，黍稷菽麦稻也。"这其中的"菽"即豆类的总称。中国当代著名农科专家卜慕华指出："以中国而言，公元前1000年前殷商时代就有了甲骨文，当然记载的十分有限。在农作物方面，辨别出有黍、稷、豆、麦、稻、桑等，是当时人民主要依以为生的作物。"

而"老干妈"的另一主打原料辣椒，也是不可小觑的食材。虽然它不高大，也没有美丽的花冠，可是它的历史同样是源远流长。据悉，辣椒原产于中南美洲热带地区，比较公认的中国最早关于辣椒的记载是明代高濂撰写的《遵生八笺》，曰："番椒丛生，白花，果俨似秃笔头，味辣色红，甚可观"的描述。通过这个记载，辣椒是明朝末年传入到中国。当时，辣椒只是作为观赏植物来到中国。

古今往来，描写各种花卉、菜蔬的诗词数不胜数，唯有对辣椒的描绘极少，今人却有一首："青枝绿叶果儿长，辛辣甘甜任人尝。红妆虽艳性刚直，亭亭玉立斗艳阳。"写的直白朴素，也算得上形象生动。可见，在古代，辣椒作为观赏品，是很难得到诗人们的青睐的。辣椒本就不是放在花圃园林的金枝玉叶，它是长在田野山间的，它是性格刚烈的，它用它的"辣"说明了自己，它不需要更多的修饰和装扮。

陶华碧就是靠着这两种最原始古老的原料，打败了调味行业里所有的竞争者，正因心系大众的味蕾，她得到了她应该得到的一切。

"饥饿营销"，小米、苹果都曾干过

"饥饿营销"，这个名词对于很多人来说比较陌生，可是当你听说过小米的"闪购""抢购"热潮，苹果一出新品，直营店外彻夜排队的人流，你就会理解"饥饿营销"是什么概念了。

"老干妈"逐渐成长的过程中，陶华碧知道人才的重要性，她派出一部分高素质人才去学习其他企业的优秀经验，这些人回来后，带回来一样让陶华碧赞不绝口的销售方式，即前文所说的"饥饿营销"。

所谓"饥饿营销"，是将生产规模严格控制在比市场容量少20%~30%的范围内一种有意识的压缩产量以达到产品畅销为目的的销售策略。

这种营销方式来自于市场上消费者的某种古怪心理：不论是经销商还是消费者，他们越是得不到的东西，越想得到。越想得到，越是满足不了的需求将会挖空心思去满足。并且需求在饥饿状态下，会呈现无限扩张的倾向。

陶华碧大刀阔斧，大胆实行了"饥饿式营销策略"。她调整了产品进出两端的任务量，调低了"老干妈"其他品种产量，转而研发了后续产品，将生产线挺进腐乳行业，"老干妈红油腐乳"的出厂咄咄逼人，销量直逼腐乳界的老大——王致和。

"饥饿营销"看起来花哨，有虚张声势之嫌，可归根结底拼的依然是实力，是产品质量。"饥饿营销"虽然是崭新的销售理念，可是和我们的生活早已密切相关。

"饥饿营销"我们以为平时很少遇到，可是细想想，生活中，我们经常遇到商家搞活动，采取的就是"饥饿营销"。

比如南京有一家烤兔店，一直经营得平平淡淡，不算兴旺。有一次老板出去学习了一段时间，学会了"饥饿营销"，回来就在店门口写了个牌子"每只36元，每天只限前50名。"从这一天起，经常会看到一些顾客在门口排队，等着烤兔出炉。甚至一些步履蹒跚的老人，也排队竞相购买烤兔。

这些等候烤兔的顾客，满脸的虔诚和期待，就为了店家限制的前50名。他们说，一旦来迟了，50名之后再来，一只烤兔就得60元。

事实上，这家烤兔肉店在没有实行饥饿销售之时，一天连30个烤兔也卖不动,而且,以前老板搞促销的时候,卖 30 元一只都人迹廖廖,一限制人数,忽然就好卖了。

这个烤兔店的营销,就属于"饥饿销售"。他的真正目的是刺激消费,利用顾客的逆反心理进行销售,并且取得了一定的效果。饥饿销售就是把产量降下来,调控供求关系,然后在短期内让顾客产生供不应求的假象,以维护产品形象并且维持商品较高的售价和利润率。"饥饿营销"说到底就是要制造紧张气氛,让人们的心理有了购物冲动然后刺激了消费。

"饥饿营销",在中国最成功的例子当属智能手机老大,即美国的苹果 iPhone。

从 2009 年 iPhone3G 正式进入中国算起,到今天 iPhone 入华已经 6 年,每一次新产品发布会之前,苹果公司都会吊足全国粉丝的胃口,却不急于让人实现愿望,总是会"限量销售"。君不见,直营店外彻夜排队叹气唉声,朝如青丝暮成雪;君不见,专卖店外人潮滚滚,声如巨浪翻上天;君不见,纽约大道 iPhone6 发布,提前半月守候熬成婆;君不见,"饥饿营销"太疯狂,限量让人心痒痒。

正是"饥饿营销"使得 iPhone 保持了产品价格的稳定和对产品升级的控制权。乔布斯是个厉害的角色,更是"饥饿营销"的受益者。

智者如陶华碧,她虽然对"饥饿营销"这拿来的洋玩意儿有推进之意,可是随着人们对"老干妈"的普遍认可,很快,他们就快速调整了战略。"饥饿营销"并不发挥主导作用,起主导的,还是质量和味道,而营销只是一种手段。而苹果手机一次次用限量来刺激消费,刺激危机感,就有点过于高调了。从 iPhone4 到 iPad2 再到 iPhone5s,苹果产品全球上市呈现独特的传播曲线:发布会→上市日期公布→等待→通宵排队→正式开卖→全线缺货→黄牛涨价。可以说，苹果手机利用了中国那句老话"物以稀为贵"，巧妙地把自己做成了奢侈品＋大众消费品相结合的一款智能手机产品。

国内的小米手机也没闲着，他以"抢购""闪购"模式被外界认为是国内手机品牌"饥饿营销"的典范，这也是贴在小米手机上的最重要标志之一。虽然外界都猜疑小米手机用"饥饿营销"赢得市场，其销售理念和苹果有得一拼。小米的创始人雷军却否认自己搞"饥饿营销"。他说，小米手机从来不搞"饥饿营销"，买不到是因为小米产能实在是跟不上用户的需求。供不应求是小米手机能够霸占市场的主要原因。

小米的畅销让雷军大赚一笔的同时，遍布乡野间的笑谈也迅速蔓延。据说一位乡间老农蛮不好意思地打电话给城市的亲戚，希望帮忙买部小米手机，因为在当地，拿一部小米相当于在北京手握iPhone7。能让饥饿的米粉遍布乡野村镇，也真是厉害。

正因为小米成功了，所以雷军禁不住心花怒放的同时也忘不了调侃一番：我不过是开了一家小餐馆，可是外面总有人排队。

雷军是国内"饥饿营销"运用得得心应手的熟手，他从2010年成立小米公司，短短几年时间就发展成拥有400亿产业的手机大户，可以说，还是"饥饿营销"帮了忙。

"老干妈"的营销策略有"饥饿营销"，可是它的快消品品质，使得它不能频繁使用此法。"饥饿营销"法有它的弊端，即这种方法只能短期内使用，如果利用过度，就会把顾客推给其他卖家，自己错失了大批粉丝。

"饥饿营销"还有更广袤的领地。笔者前几天搭乘动车回家乡，遭遇到的吃饭问题,就是一个典型的"饥饿营销"。当日的火车上,一个盒饭竟然要价40元,我问有没有10元盒饭,6元方便面,工作人员说早就卖完。我只好自己劝慰自己,毕竟有一张返程的车票,过节期间,买不到票的人多得是。可是坐上火车后,竟然要眼睁睁看着挨宰,也让人堵心。平日火车餐车里的东西就比外面的昂贵,遇到过节更是芝麻开花——节节高。之所以铁路上的食品这么贵,无非是一家独大的经营模式,便宜的食品他们就说已经卖完,现在人家就说只剩下40元一盒的盒饭,你不吃就得饿着。苹果教主乔布斯首创的"饥饿营销",被运用到了铁路的食品销售,让人有"饥不择食"和"食不惜钱"之感,虽然有点不地道,毕竟营销得还不错,大有人买。市场就是这样,你不买你就饿着,饿着的滋味不好受,一顿两顿还可以,长途旅行必须要吃饭的,这笔钱花也得花,不花也得花。

服装业的限量版营销,归根结底就属于"饥饿营销"。意大利的时装品牌Gucci曾推出一款带刺绣的运动鞋,全球仅有10双;Prada也曾推出限量版的全鳄鱼皮长靴,价格昂贵也被抢购一空。实际上,这种奢侈品因为数量少,并没有给厂家带来多大的经济效益,可是却提升了该品牌的知名度,无形中做了宣传,建立了口碑。

诺贝尔经济学奖获得者、美国经济学家P·A·萨缪尔逊有一个著名的"幸福公式":幸福=满足/欲望,它所揭示的正是饥饿营销的另一法则——吊胃口。如公式所揭示的,为维持相同量的幸福感,在分母——"欲望"被无限放大的时候,作为分子的"满足"必须保持同步的增加,也就是说"欲望"一旦产生,为满足欲望的消费必须接踵而至。这是吊胃口的作用机制。但是"饥饿营销"并不是"量少价低",它所揭示的,只是消费者购物的行为,其本质往往是一种冲动决定，如何激发出消费者的"非理性"，不仅是吸引人的低价策略而已，更重要的是要营造出"危机感"气氛，才能引诱消费者在最短时间内把钱掏出来。

另外，"饥饿营销"也可应用到职场上，比如时下新兴行业——月嫂，就是物以稀为贵的一种职业。早期做月嫂的比较少，而市场需求比较大，于是就出现了月嫂供不应求的局面，直至薪水赶超了白领。从最早的几千元到今天的一万多元，金牌月嫂的价格越来越昂贵，尽管如此，依然有大把的人等候在月嫂公司门口，等待月嫂上户。

有些作家也擅长"饥饿营销"。比如以写作速度慢而闻名的某女作家，几年才写就一部书，其他书据说也是万年坑。网络写书的作者成千上万，每天都有上万部作品更新，为何只有她脱颖而出？除了她写得不错外，宣传公司也是深谙"饥饿营销"，以"慢"做广告，从而让读者对她的作品产生期望值，提高该作家的知名度。

饥饿营销，本质也就这么几点：

第一，物以稀为贵。人的本性就是喜欢稀缺的东西。比如别人有就你没有，那么就会有失落感，而"我有你没有"，就会产生心理上的优越感。

第二，多少就这些。出厂就这么几件，你不买就会后悔。实际上，商家在出厂时已经估摸好了会卖多少，通过饥饿营销，一定能卖出去！

第三，品牌传播。配合饥饿营销的传播手段，扩大商家的知名度。

第四，情感共鸣。即东西要好，有市场潜力，饥饿营销才会有扩散的空间。情感关系的打造要符合市场心理，与消费者达到心理上的共鸣。

当然，饥饿营销并非十全十美，也有一定的缺点。第一，它会损害品牌形象。开始用户会受到"饥饿"诱惑，相信货源真的不足。时间久了，一次次"狼来了"，理智的用户将会看出这是商家恶意操纵的行为，从而失去对该品牌的信任。实际上，你伤害了用户，用户也会对你有所不满，以后将不再对该商品信任；第二，丢失用户忠诚度。饥饿营销的基础在于用户对该品牌的认可，愿意跨过更高的门槛来购买该产品。但其中必然存在着忍受与不满，长期下去，必然会丢失用户忠诚度；第三，延长资金收回时间。由于饥饿营销在销售之前就要造势，进行宣传，但是在销量上却有控制，产品销售周期相比其他一般产品会长很多，不利于资金的周转，有一定的风险。同时，只放出少量的产品更会使一大批用户去购买竞争对手的产品，相当于拱手让出了市场；第四，难度极高。饥饿营销需要极强的渠道以及上下游控制能力，同时需要对品牌、产品、市场、整合营销有很高的要求，并不是任何企业都有能力做好的。

饥饿营销失败的例子也让人恻然，比如魅族m8，在北京发布时，饥饿了那么久，到最后的结果是交了押金排了号的人，仍然有很大一群没有拿到手机，这个饥饿有点过了，没把握好度，所以很多人在购机现场直接退款，不再等下一批产品了，这无疑并没有增大市场的需求，而是伤害了用户。

陶华碧有限制地利用了"饥饿营销"，但也并不完全依赖于"饥饿营销"。她的经营战略，依靠产品取胜，依靠高质量的品味赢得佐餐调味界的老大地位。她一边让我们对"老干妈"的滋味垂涎欲滴，一边进行产品延伸。她的营销战术赢得了市场，赢得了大众。

香、辣、咸，舌尖就爱这一口

在风云多变、波诡云谲的商界，营销一直是重要的课题。如同美食诱惑的根本，不外乎一个字：香。品质决定一切，没有好的产品，即使广告做得多么绚烂，宣传造势做得如何隆重，也难以逃脱被遗弃的命运。

"老干妈"辣酱之所以做到了行业里的老大，不外乎最重要的三个字：香、辣、脆。有了这三种独特的、辨识率极高的味道，"老干妈"想不脱颖而出都很难。

俗话说，众口难调。"老干妈"却让这"众口"调成了它自己的味道，让华夏大地上13亿人口赞不绝口，它让全中国的人为了它魂牵梦绕，没了它茶不思饭不想，不外乎它有着独特的让人不能忘怀的口味。纪录片《舌尖上的中国》有上百种食物曾经引起人们的兴趣，可是看过之后，你还是会选择"老干妈"。因为影视上的食物，做法有着繁复、繁琐的特点。为了突出中华传统的风俗文化，那些食物都比较费时间。比如湘西苗族腌制的禾花鱼，制作前要先制作腌桶，腌桶要选用质地坚硬的杉木，为了保证腌桶的密不透风，要用竹篾箍紧，腌鱼前，还要把糯米炒熟，因为糯米是腌鱼必需的调味品，然后把鱼层层压紧，再压上重石，即使如此也需要等待一个月才能吃上。至于南安地区的烟熏腊肉腊肠，更是需要等待一年的时间才可食用。

至于影视剧中的食材来源，有的来自深山，有的来自海边，工艺过程大部分来自传统手艺，现代化的机器被他们所摒弃。所以影视剧中那些美食，有的需要你漂洋过海，亲自到农家小院品味才能品尝到里面的真正美味。有的因为工艺复杂，价格昂贵，不是一般消费者消受得起。

"老干妈"辣酱工艺来源于民间,可是它的价格并不昂贵,七八块钱就可以买一瓶吃上几天,所以,它是属于比较划算的美食佐餐品。它具有的三种独特的味蕾感受:香,辣,脆,让无数人余辣满口,流连忘返。"香、辣、脆"就这三个字,让它的营销变得如此简单,不需要什么奇香异味,它就是那么简单又好吃。它的"香、辣、脆",就是无形的广告,它的营销理念就是靠口碑取胜。

往事越千年,横亘白云间。香辣脆绵长,风味已延年。"老干妈"独领风骚,不与海鲜石锅竞高低,不与熊掌鲍鱼共春色。它不走高大上路线,高大上却独独青睐于它。它也不走偏僻狭窄的胡同,街道边市井头,都可觑见它的身影。都说"富在深山有远亲,穷在闹市无人问"。"老干妈"偏偏被深山和闹市的人共同惦记,被不同地位不同肤色不同爱好的人共同喜爱着。它就像那翱翔的飞鹰,走沟渠、越高山,天有多高,它就能飞多高;它就像小草,生长在不起眼的角落,可是它用葱葱郁郁的绿色渲染着这个世界。

我无意给"老干妈"描绘绚丽的诗篇,我也无意给"老干妈"赋诗作词,我深深地感到了这瓶小小的辣酱,它拥有的"香、辣、脆"赶超了世界,赶超了我们人类所有的味蕾感受,它是独特的,也是唯一的。

聪明睿智如陶华碧,她知道食物之美,不在吃什么华盛大餐,不在品尝什么卡布其诺,而是实实在在的感受,是舌尖上的味蕾对美好的向往。"老干妈"采用独特的工艺技术,它的豆豉是经过繁复的工艺,用黄豆或者黑豆煮熟后再发酵而成,发酵的豆类有了一种绵延的口味,而去掉了以往被我们不太喜欢的豆腥气,这种天然的豆香发酵后,有了一种糯软的感受,而更奇妙的是,它还具有一种豆香。发酵后的豆香,不像生豆子那么生涩,而是醇厚芳香,你大可以细细闻一闻,"老干妈"香不香。当然,香味的延绵也不仅仅是鼻子的嗅觉,它更多的来自于味蕾。品一品,你立刻会感觉,原来世间还有此类妙不可言的美不胜收的感受,放在舌尖上,它油滋滋的,咬它一口,香喷喷的。

在大学进修营养学时,我曾以为,"香味"就是指嗅觉感官,和其他感官没有任何关系。我曾狭义地把"香味"定义为如同巴黎香水麝香一样的嗅觉感官刺激,后来我的导师告诉我,香味不仅仅包括嗅觉的刺激,还应该有味觉感官刺激。

那时候我还有点迷惑,直到接触到了"老干妈",吃了一瓶"老干妈风味豆豉油制辣椒"我才豁然开朗,原来这就是嗅觉和味觉都能感受到的"香"。

唐朝诗人王建出身寒微,一生潦倒,我曾以为是一位郁郁寡欢、忧郁愤懑的诗人,可是当我看了他的《饭僧》,我才意识到,他原来颇有情趣。"别屋炊香饭,薰辛不入家。温泉调葛面,净手摘藤花。蒲鲊除青叶,芹齑带紫芽。愿师常伴食,消气有姜茶。"好一个为了美食甘愿流连山间僧舍的怡然心态。既然能够做到"温泉调葛面,净手摘藤花",又怎会郁郁寡欢、没有生活情趣呢?一个喜欢美食的人,无论如何也是一个有情趣、有爱心、有生活品味的人。爱好生活,热爱美食,不管生活给了他什么,是苦是酸,他都能坦然受之,并且以欢畅的心态来迎接第二天的到来。因为第二天,除了有点仕途不顺,还有美食的诱惑呢。

想来陶华碧是个懂得情趣的女子,年轻时候爱人去世,给了她生活中最惨烈的打击。她作为单亲妈妈,拉扯着两个孩子,不管多么难,她没有要过国家任何救助,没有向亲戚朋友伸过一次手,她打过短工、卖过菜、开过饭馆、食品店,最后终于办了个加工厂。据有些记者采访,说她对钱财有一种近乎偏执的重视,这可以理解,因为她体会过一分钱掰成两半花的饥馑,知道没有钱万万不能,所以她对金钱的重视超过了一切,她是实实在在的,务实的。她不会讲花里胡哨的大道理,她也不会说什么豪言壮语,她就知道,做人就跟做辣酱一样，不能来虚的，要么好吃要么不好吃。换句话来说，就是要么香要么臭，中间值不是陶华碧的风格。她爱生活，生活却没有给过她甜，她终于制作出了一种辣酱，让她的人生从此步入了"香气弥漫"的世界。

陶华碧还认为，"辣"和"脆"也是美食不可缺少的口味。为什么选择辣，辣本来在某些地区并不受欢迎，可是陶华碧认为，单纯的"辣"有时候是让人味蕾受到刺激，感觉不爽，可是如果"辣"和"油"应用在一起，就完全可以化腐朽为神奇，把直冲嗓子眼儿的让人流泪的辣，做出不一样的感受。

因为辣用了油做辅料，当火烫烫的油滚在"辣"里面时，那油就变得辣香辣香的。但它已经消弥了辣的那种重重的刺激，变得可以接受。滚烫的油浇灭了辣所带来的重口感，油成了红色的，好看又有营养。辣也服软了，变得入口绵软，成了我们喜欢的那种感觉，忽然就变得好吃了。陶华碧身在贵州，深谙辣和油结合的美妙滋味。还是在南方打工期间，她就经常带着几瓶自己亲手做的辣椒油，买一个馒头，从中间掰开，涂上一些辣椒油，那馒头立刻就变得无比的美味。

至于陶华碧后来几经改良，做出来的"老干妈"，更是秉承了"脆"的风味。一种美食，味道极好，再加上一些脆的口感，更是让人爱不释"口"。我曾经尝过天津的麻花，也曾经吃过苏州老工艺制作的点心，它们驰名中外的唯一理由便是"脆"。看似高大上的面食制品，不过就是白面做成，既可以做成五毛一个的馒头，也可以做成价格昂贵的苏式糕点，它们所用的面粉没有差别，有差别的就是点心里加了一种特殊的口味"脆"。

有了香，有了辣，有了脆，"香、辣、脆"，世间还有什么风味能比得过呢？只有牢牢记住它的名字——"老干妈"，它的制作者陶华碧，给了我们如此美好的享受，她的经营理念和营销手段，让我们为之膜拜。

第三章

陶华碧

**自己选择的路，
跪着也要把它走完**

在大自然中，竹子从第五年开始，以每天30厘米的速度疯狂地生长，仅仅用了6周的时间就长到了15米。在前面的4年，它虽然没有生长，却将根在土壤里延伸了数百米。

陶华碧在悲戚的环境里摸索了好久，终于得见曙光。人生需要储备！她终于熬过那漫漫黑夜！

非上流人的上游商业链

  每一个人的成功,都流淌着别人难以体味的辛楚;每一段靓丽的风景,都陪伴着峻山和险壑。没有一朵鲜花是天生就那么美艳可人的,它在绽放之前也有过日积月累的煎熬,含苞未放的时节更需要进行守候,不能揠苗助长。

  时光荏苒,年华染白了她的头发。陶华碧从一个贫穷潦倒、常年浸泡着生命苦水的农家女子,终于成为商界的精英老大,做成了香辣酱的龙头品牌。她所创立的"老干妈"辣椒酱系列,成为消费者餐桌上的家常必备佐餐菜,她把事业做到了强、做到了大。

  有记者在两会上数次想采访陶华碧,她谨慎地回避,不想过多地和记者来往。她不想出头露面,不想过多和人谈起以往的辛酸愁苦。她本是一个低调朴实的女子,年轻时候也曾貌美如花,有过短暂的幸福却戛然而止,生命的绚丽原以为就停止于盛开的那一霎,从此后,她愿为路人甲,任何的苦痛都不会让她眉头一皱。而后,那些生命里的凶流恶浪,一波一波向她袭来,她有过脆弱和软弱,可她没有倒下。"弄潮儿向涛头立,手把红旗旗不湿。"如此志向豪迈的诗篇,也许爱人罹患重病弥留人世的时候为她读过，那时候她依然年轻，依然有着光洁娇妍的脸庞，有着光彩照人的神采。他想起自己先走一步，把两个需要抚养的儿子留给她，他就难过不能自抑。他希望她坚强，可是这一坚强，就又是30年，30年后，她坐在召开的全国两会上，畅谈国家经济和命脉，畅谈"老干妈"辣酱的经营之道。此时，往事如风，那浸泡着生命苦痛的泪水，依然会滑过她沧桑阅尽的心头，她回味着以往那艰苦卓绝的岁月，她身在五行中，跳出了现实世界，再一次回到了创业的艰难……

"老干妈"陶华碧，成就了一个神话。当历史的车轮滚滚而过，"老干妈"辉煌的业绩也为人称道：

1998年，她被南明区授予"先进纳税户"称号，被南明区地方税务局授予"先进纳税大户"称号，系列产品被贵阳市政府评定为"贵阳市名牌产品"，被贵阳市政府授予"质量管理先进企业"称号，被贵阳市技术监督局评为"贯彻实施技术监督法规先进企业"，产品"老干妈风味豆豉"被评为"贵州省名牌产品"。

到了2014年，"老干妈"入选中国最有价值品牌500强榜单，以160.59亿元的品牌价值名列第151位，3年的税收就达到了18个亿，产值达到68亿元，更是让800万农民走上富裕道路。

胡润全球富豪榜更是让我们看到了陶华碧的身价：2008年，陶华碧以15亿元成为排位最靠前的贵州企业家；2012年以36亿的身家登上胡润2012年中国富豪榜；2015年，胡润全球富豪榜又迫不及待地出炉，陶华碧以68亿资产和世界富豪们并驾齐驱。

"宝剑锋从磨砺出，梅花香自苦寒来。"不擅长交谈的陶华碧，从来都是怡然大气的姿态。年华催老了她的华发，催老了她脸上的褶皱，却催不老她爱好生活、磨砺自身的精神。

一名记者几经辗转，终于委托熟人搭关系采访到她。她把眼泪掩藏在那不经意的微笑里。当记者问起她以前的苦难经历，她摇摇头，不想再说过去，而是用强者的姿态对记者说道："我陶华碧不是上流人，就是个土老百姓，可是我可以骄傲地说，'老干妈'的产业链，却在全国上流。"

有人也许会对陶华碧这句话不屑一顾。比如一个卖鞋垫的人就说："我两元钱一双鞋垫，一双就挣一元钱，如果全国十几亿人口都来买我的鞋垫，我也能身家十几亿。"

可是全国这么多卖鞋垫的、卖辣酱的，为什么依然停留在小富即安的状态，唯有陶华碧成为世界富豪呢？因为陶华碧有其他企业难以企及的完美的产业链在支撑着她。

所谓产业链，专家解释为：产业链是产业经济学中的一个概念，是各个产业部门之间基于一定的技术经济关联。听起来貌似有些抽象，其实也不难理解。比如卖鞋垫的这一产业链，做鞋垫所需要的布匹、鞋垫和买鞋垫的终端消费者就构成了"鞋垫"这一产业链。产业链包括上游、中游和下游三个方面。还拿鞋垫来说，布匹、针线是鞋垫的上游产业，鞋垫是中游，买家属于下游。一个小的生意人，他的产业链是简单易操作的。但是小的产业链很难有大的发展。所谓生意场上同行不同利，生意做得大的、做得好的，就有一套比较完美的、庞大的生意链，在这条生意链上的上游、中游和下游企业，是相互制约的、互相影响的。

可以说，谨慎细致的陶华碧的生意链，是中国所有企业里生意链最为完美和庞大的,所以从来实打实的她才有底气说出:我的产业链是全国上游!

先看"老干妈"生意链的庞大程度:8块钱一瓶的辣酱,每天卖出200万瓶,一年用1.3万吨辣椒,1.7万吨大豆,销售额40亿。

"老干妈"是用辣椒的大户,所以它带动了庞大的上游产业。每天上午,一辆辆16米长载重38吨的大货车在"老干妈"的库房前排队等候装货。"老干妈"用的辣椒带动了农民种植户的就业,在持续健康发展的同时,"老干妈"积极发展龙头企业的带头作用,帮助农户对重要辣椒原料"遵椒一号"进行科学种植改良,每亩增收辣椒700斤,农户收入大大增加,12万亩辣椒种植核心基地直接带动农户用工200万人次。

"老干妈"还催生了一种新的职业——虾子镇"剪刀手"。因为"老干妈"陶华碧对辣椒原材料近乎完美的苛求,她要求给她供货的辣椒必须是剪过蒂的,这一苛刻的要求并没有让供货商退缩,因为"老干妈"的货款结算得及时,即一手交钱一手交货,她给的价也高,所以"老干妈"的供货渠道非常顺畅。她自己都意识不到,正是她的严格要求,催生了虾子镇的"剪刀手"行业的壮大。剪刀手们每天拿着剪刀,去辣椒基地剪辣椒的蒂,这道剪蒂的工序比较简单,可是工作量比较大,一个人平均两个月就用坏一把剪刀。这批劳动人民比较特殊,大部分是尚有劳动能力、不愿赋闲在家的农村老年人员。再一批就业人员就是暑假寒假的学生、身有残疾的人。勤工俭学帮学生实现了社会实践,为适应社会做好了准备,残疾人士的加入解决了社会残疾人士就业的难题,让他们靠劳动体现了自我价值。

"老干妈"的上游还包括玻璃瓶的生产厂家。"老干妈"每天用的200万个瓶子由7家玻璃厂家供给,相关产业还包括4家瓶盖厂、3家纸箱制造厂、3

家商标标贴印刷厂、110个相关原辅材料供应商。这些庞大的上游产业供给了"老干妈"原料,为"老干妈"的壮大做出了功劳。同时,"老干妈"的壮大也给上游产业提供了发展的机会,为社会解决了大量的闲杂劳动力。陶华碧能够把产业做得这么大、这么好,就是它有一个好的上游。

"老干妈"的下游产业即:135个国内外销售代理商,以及8家铁路、公路物流运输企业。"老干妈"催动了当地物流产业的发展,装运工业也派生出数量不少的搬运工。虾子镇有200多个装卸工,他们为"老干妈"的辣椒产业奉献着自己的汗水,也解决了自己的就业,在就业率险峻的今天,这些人辛勤的工作,为自己迎来了幸福和明天。

"老干妈"的产业链庞大、完美之处也让其他产业艳羡不已。

"老干妈"对产业链的上下游,向来是不赊欠,一手交钱一手交货。在三角债赊欠成风的今天,"老干妈"的做派无疑是标新立异的。有人说陶华碧还有些农民思想,有点保守。可我们欣喜地看到,产业链上不论是供货商,还是最后的下游代理商、小业主,都欣赏陶华碧这种"小农思想"。正因为她的这点小小的"保守"和一诺千金的诚信态度,使得上下游业主都积极为她供货、销货,把品质最好的辣椒给她,最后大家都实现了双赢。

这就是"老干妈"产业链的完美之处。

正因为在佐餐酱领域,"老干妈"具有的让消费者强大的品牌认知,人人都知道有种辣酱很好吃,那就是"老干妈"。这种被认同的强大号召力,构成了"老干妈"对产业链的强大的话语权,每年20%的增长比率和60亿人民币的销售模式,使得"老干妈"在原料的谈判中始终处于优势,"老干妈"在原料供应、品质、价格等方面都可以采取主导权,从而保证了辣酱的终端产业——买家的认定,觉得它物有所值,价格公道,是真正物美价廉的佐餐料。

"老干妈"为什么能走到今天?对于这点,她曾自信满满地说:"我的产业处在商界的上游!"笔者认为她并非王婆卖瓜,因为她的"瓜"是真的物美价廉,她的产业链最完美最庞大,所以才会有今天的"老干妈"。

比我价高你没市场,比我便宜你白忙活

因为有了完美的世界一流的产业链,有了更强大的和上下游对话的权力,陶华碧的"老干妈"辣酱系列产品在市场上所向披靡,它首先快速占领了广东市场。不同于其他厂家推广策略的是,"老干妈"的广东市场并非广告轰炸,也并非用钞票做后盾以攻城略地。它的成功是顺其自然发酵的传播,是人们对"老干妈"辣酱的口味的认可。

在嗜甜不喜辣的广东,人们的口味随着吃"老干妈"而悄然发生着改变。"老干妈"品牌先在广东抢占市场后,利用最初的经营模式和销售模式,迅速从广东漫布全国,直至走向世界。今天的美国、澳大利亚、加拿大、新西兰、韩国、新加坡、法国等30多个国家和地区,都能看到"老干妈"辣酱的身影。

春去秋来,寒来暑往,一穷二白的陶华碧,终于成就了一番事业。我认为,说其成就了一番"霸业"也不为过。如此雄厚的实力,如此广阔的海外市场,身价如此之高进入胡润全球富豪榜,"敢与天公试比高",陶华碧以一个贫穷

且没有任何背景后台的懦弱女子，成为今天家族产业位列世界前茅，这份雄才大略，这份难以想象的成功，称其为"霸气"不为过。

有时候，当我们远远看着她那些光辉业绩的时候，我们时常觉得这个女人离我很远。她有着 68 亿的身家，辣酱产业一年销售辣酱 40 亿，实现了连续 3 年一共上缴税款 18 亿的记录，为此，当地政府特别奖励了她一辆 A8888 劳斯莱斯轿车车牌，她的产品销往 30 多个国家，她被国外爱吃辣酱的人称之为"教母"，也有幽默的外国人士把"老干妈"翻译成为"愤怒的女士"，她在胡润全球富豪榜和马云、马化腾等并列在一起。她简直让我们感觉她成了"女神"，她的成功让那些身家雄厚却打不开市场的商人目瞪口呆……就好像她身上有一层耀眼的光环，化作五彩的祥云环绕着她，让平凡的我们膜拜、崇敬，一时我们无法和曾经那个家贫如洗的单亲妈妈联系在一起。

可是，当一瓶红底黄字的"老干妈"摆在你面前，你还会觉得它神秘吗？上面有她一张头贴，瘦狭的面孔，平民样式的短发，眼神有一点忧郁的神情，那神情比较揪心，反正笔者看了后感觉比蒙娜丽莎的微笑还让人迷惑，还让人心酸。笔者同为女人，知道那是岁月的伤痕留下的苦痛，那是无数个日夜切辣椒已经流干的泪痕，那是为两个牛犊一样强壮的儿子操心下一顿饭费的愁，那是不舍的母爱，那是对天下吃不饱饭的孩子的一种忧心……

这一款造型平民、有着百姓喜庆色彩的"老干妈风味豆豉辣酱"，它的价格只有 8 元钱，是的，只有 8 元。它的质量是 280 克，足足有半斤多，如果你想用"老干妈"炒米饭、做水煮肉片、蒸茄子，一瓶足足可以用上 30 次，也就是说，你顿顿都吃"老干妈"，可以吃上 30 次，足足吃上 10 天。8 元钱不论对于中层阶级工薪族，还是对于囊中窘迫的学生，用 8 元钱吃上 10 天，这笔账是如何的划算，每一个花钱谨慎的人都心知肚明。世事无常，当一碗大排档的牛肉面也要20元的时候，10天内一瓶8元钱的辣酱，再配上一个5毛钱的馒头，足足可以填饱你的胃。

陶华碧毕竟是贫寒出身，和爱人也没过几天幸福的日子，当年婚后由于婆家也比较寒微，没有正式工作的她在穷迫的婆家更是局促和自卑。本来她有着美丽的容颜，窈窕匀称的身材，为了不至于在婆家被人挑剔，她抡过8磅重的铁锤，背过黄泥巴，背100斤赚3毛钱。由于她是从苦日子走来过的，所以她太心疼那些家庭贫寒的孩子了，所以她制作的"老干妈"要让穷人吃得起，还吃得好。

陶华碧在"老干妈"辣酱的定位上是最体味穷人的，10多个品种，最贵的也没超过12元，其中有"干煸肉丝红辣椒"，有"牛肉末油辣椒"，成本都不低，可是价格也就10元上下，如此便宜的辣酱，能让那些远在他乡的学生吃到香喷喷的肉丝、吃到脆生生的花生、吃到糯软细腻的豆豉，吃得油滋滋，满嘴喷香，余味有辣，回味悠长。学生们终于吃得饱了，钱包也没有瘪下去，得到学生的心，首先温暖了他们的胃。这些游子们有的继续深造，去了遥远的他国，但他们依然会带上一瓶"老干妈"。他们说，只有"老干妈"才能温暖他们的心。

"老干妈"今天成为调味品行业的龙头老大，市场占有率大于90%，不得不说，价格是重中之重的一个环节。布衣百姓辛劳一生，节约开支依旧是囊中羞涩。他们的钱是用汗珠子辛辛苦苦换来的，所以他们的钱，每花出去一分都要掂量几分，看看花得值不值，是否买得贵了，贵几毛就是一个馒头钱。陶华碧平民出身，深谙普通百姓的心思，她用最实惠的价格回馈着华夏大地上的十几亿民众，她知道我们国家刚刚腾飞，富裕的只是一小部分人，还有广大的民众把汗水洒在工地上、洒在流水线上、洒在陌生城市的大街小巷，他们的钱要买房子、结婚、养育子女、供孩子读书。陶华碧心系家乡人，当一箱箱辣酱远销国外的时候，当国外的价格定位在几十元一瓶的时候，她洒脱地说："我的辣酱不挣中国人的钱，只挣外国人的钱。"

潇洒如陶华碧，磊落如陶华碧，把实惠给了中国人的陶华碧，在做大"老干妈"的过程中，她一瓶就挣几毛钱，七八元钱的辣酱能吃到肉丝、豆豉、花生豆以及辣椒油，真正的让民受惠。她用几毛钱的利润做成了身家68亿的全球级别的富豪，每天都有200万瓶辣酱源源不断地供奉在数亿人民的餐桌上，因为实惠、价格公道、物美价廉、人人爱吃。

也有人在她耳边提建议：既然"老干妈"如此热销，为何不加价？反正消费者也认可了这个品牌，每一瓶加价1元，在物价飞涨的今天，不会有人在意这么1元的。

陶华碧毫不留情面地批评了这些出主意的"参谋"，她说："我今天能到这一步不容易呀！我不能昧着良心挣钱，该是我得的，我不会放弃，让我多要，我做不出来。"

就是如此实在的经营战略，没有学过世界营销和管理的她，竟然因为这种朴素的商业观被人瞩目。有专业人士分析道：陶华碧的这种经营方式，真正做到了生意场的点子上，让其他欲作辣酱生意的商人无处插缝。"老干妈"因为占据了主流价格带，形成下行无利润、上行无市场的封杀局面。

辣酱的主要功能是调味品或者是充当佐餐小菜。它的功能决定了无法和鲍鱼海参同一价位。既是调味品，又是佐餐小菜，定位人群为家庭妇女、学生、进城务工者、工薪族等。这样一来，定价就不能太高。对于一个打算做长的品牌产业，定价太高，利润的空间太大，虽然会得到暂时的好处，可是终端是伤害了消费者。消费者一旦察觉你的产品并不是货真价实，有一大部分的利润被商家挣走了时，受伤感会让他产生上当的感觉，对于一个说你是骗子的消费者，你认为他还会再次购买你的产品吗？

善良的陶华碧用"实惠"二字曾开了5年饭店，当年她的凉粉、冷面经常免费送给家庭贫困的学生吃。现在又用"实惠"二字回馈十几亿民众，正是"实惠"二字成就了如今的她，使她摆脱了贫困，走进世界级的富豪队伍。她的辣酱占据了最有利的价格区域，她的主流价位区间分别是：5、6元一瓶，7、8元一瓶，9、10元一瓶。同时，利用树立起来的品牌认知，构建起主流消费群体对"老干妈"辣酱的普遍满足。这样，其他商家如果定位高于"老干妈"，就会没市场，如果低于"老干妈"，又没有利润。所以才说"上行无市场，下行无利润"。可以说，想和"老干妈"抗衡的辣酱企业，多数在"老干妈"强大的价格优势中败下阵来。

当然，也会有一部分企业剑走偏锋，重新定位消费群体。它们有的走学生路线，例如海天招牌拌饭酱；有的走礼品路线，例如价值120元的平衡营养醋；还有的走特产路线，如李锦记香菇酱等，虽然这些产品也有了一定的消费群体，可是从整体来看，它们还是在被"老干妈"越落越远。

品牌，就是保证！

　　生活不是吟诗作赋，平常的日子不是雪月风花。白云苍狗间，她从一个天真无邪的女孩成为人妻，又从人妻成为单身妈妈，从含辛茹苦拉扯两个孩子的孤儿寡母到2008年的奥运火炬手，又到今天的胡润全球排行榜的富豪。陶华碧一路走来，看似是一条从草芥到金砖的大道，她却走得并不轻松。一路的辛苦只有陶华碧才能明了，外行人只能看到她已经走得顺顺当当，越走越高，已经走到我们看不见她的高处。我们坐在地上遥远地看着她，看着她走进金光辉映的蟾宫，看着她莞尔一笑，折桂归来，手里托着一瓶大红底子、大黄印字的"老干妈"。从此后，世间有了独一无二的辣酱，有了无人能及却又人人可品尝到的天上美味。

　　陶华碧创造了"老干妈"这个牌子，她的肖像印在每一瓶"老干妈"的瓶贴上，她就是"老干妈"，"老干妈"就是她。她把"老干妈"品牌当作自己的生命一样爱护，她对自己的品牌品质严加苛责，每一瓶"老干妈"就像她的孩子，浸泡着她浓浓的爱心。

　　正因为"老干妈"品牌已经深入人心，一提起调味品，人们脑海里第一个想到的就是买一瓶"老干妈"。在漂流在外的日子里，在入不敷出的工薪族群，在囊中羞涩的学生餐盒旁边，只要有一瓶"老干妈"在手，就可以化腐朽为神奇，糟糠也会成为美味。"老干妈"改变了一些人贫瘠的生活，让苦涩的生活浸进了一坛蜜。

　　陶华碧认为，品牌就是一个人的名片，品牌树立起来了，在人们心中有了地位，一切营销经营扩大生产等问题都会迎刃而解。品牌就是一个产品的生命，从名不见经传的小作坊能发展得这么壮大，不得不说，是品牌保证了"老干妈"旺盛的发展势头，是品牌带来的效应，给了她滚滚而来的订货单。

从最初关心一个叫欧阳梓刚的学生开始，陶华碧就被人称为了"老干妈"，那时候，她何曾想到过，她会以"老干妈"做为辣酱的品牌，从此后依靠这个品牌闯进茫茫商海，成为一名划时代女商人！上天终于还是有眼的，一个人做一件好事不算什么，难得的是，她几年如一日，默默关心这些吃不饱饭的学生。这样的女人，就连上天也会保佑几分。一个人的一生，说难也不难，说容易也不容易，就那么一眨眼的功夫，几十年就过去了。一切都好像在冥冥中有所注定，陶华碧被人称作"老干妈"的经历中，她从来也没想到最终她依靠这个品牌会走上世界富豪的位置，"老干妈"就是她的品牌。

当初，陶华碧好不容易创立了"老干妈"这个具有世界意义的品牌，她像母亲维护自己的孩子一样，维护着"老干妈"的品牌。我总觉得陶华碧有一种精神上的纯高洁癖，她不肯趋炎附势，不害怕来骗吃骗钱的各个"局"。正是由于她近乎苛责的不服输、不怕硬的"老干妈"作风，才使得她的品牌越走越广，走出国门，走向了世界。

有人说，一种辣酱品牌的诞生，无非是好吃、味道不错。我猜说这话的肯定是经常吃"老干妈"的人，只有亲自品尝过的人，只有被"老干妈"的辣味侵浸过的人，才能体味出这瓶小小的辣酱蕴含的丰富滋味。

味道即王道，对食品而言尤其如此，可口可乐的神秘配方能成为无价之宝，就是如此；方便面的市场竞争也是口味之争的结果，当年康师傅红烧牛肉面多年领跑，就是占据了这一深受绝大多数人喜爱的口味，直到后来统一方便面横空出世，直到推出老坛酸菜面，才结束了康师傅独揽大局的场面。统一之所以能够脱颖而出，就是在味道上做出了康师傅不具有的味道，也标志着南方口味在中国市场上有了一席之地。

"老干妈"的品牌建立，正是建立在独一无二的味道上面。它恰到好处的复合口感和最普世口味的抢先，让"老干妈"这个牌子一经问世就抢占了市场，也让普通百姓都认识了瓶贴上的女人——"老干妈"陶华碧。

陶华碧创立的"老干妈"辣酱，品牌深入人心，可是它的成功并非做了多大费用的广告，也并非花了多少钱做了营销推广，它的口味成就了它的品牌。相反，有的厂家和企业，在做大产品的时候刚好相反。他们以为先广告轰炸，就能把牌子树起来，他们违背了做品牌先做"品"后做"牌"的原则，而是先做"牌"后做"品"。广告推广虽然在开始的销售阶段会产生一定作用，但是时间久了，如果质量并不怎么样，消费者也不认可，这个时候，牌子只是一个虚幌子，经不起检验和品质的考验，最终广告也拯救不了它的危机从而导致灭亡。

比如养生堂旗下的龟鳖丸、农夫果园、成长快乐、母亲牛肉棒、朵儿减之等产品，它们一经问世即让人眼前一亮，上市可谓非常成功，可以说是大名鼎鼎，并且迅速建立了产品品牌。但随着时间的延续，这些产品的生命周期都很短，正如大家所看到的，随着市场竞争的加剧，养生堂属下的这几个品牌很快就走了下坡路，而养生堂这个企业品牌依然默默无闻，对产品上市起不了任何推动作用。

陶华碧创造的"老干妈"品牌能够长久地深入人心，不打广告、不做推广，一天销售200万瓶，根本就在于品牌是建立在"品"上的。先做"品"后做"牌"，从 1996 年建厂到今天在全国 65 个城市建立销售网络，产品销往美国、澳大利亚等 30 多个国家和地区，其品牌的扩散作用已经从点到面，从小及大，有了意想不到的成功。"老干妈"从当年的龙洞堡一个农村作坊到今天 5000 人的现代化工厂，"品"是它坚强的后盾，"牌"是它扩张销售的资本。有了"品"又有了"牌"，一个企业就有了生命力，有了旺盛的活力。

有人说，采访陶华碧并不容易，她不想成为企业明星，想低调行事，是"老干妈"品牌的迅速确立，使得她成为了企业明星；也有人说，她脾气不太好，常和吃拿卡要的各种"局"吵架。我却认为，当所有的大山压在一个弱女子的肩头时，她不坚强，能活下去吗？当生命的长河漫过她疲惫的身躯，她不挣扎就会被淹死。正因为陶华碧有了一点敢于抗争的"辣"，才活出了今天的精彩，才使得"老干妈"品牌得到了长久的发展。

有一个故事形象地说明了陶华碧和"老干妈"不可分割的关联。有一次，一位香港客商来"老干妈"公司考察，他对陶华碧十分敬仰，拿出自己的名片想和她交流。没想到，陶华碧微微一笑，说："抱歉，我不用名片。"那位客商很是惊讶，接着感慨起来："您是我见过的唯一没有名片的董事长。"陶华碧礼貌一笑，自信地说："全国各地，能吃辣椒的人有几个没吃过'老干妈麻辣酱'呢？'老干妈'不就是最好的名片吗？"

是的，"老干妈"就是陶华碧最好的名片，陶华碧就是"老干妈"最好的品牌。

出口，最平凡也是最奢华

《华严经》云："一切众生，皆具如来智慧德相，但因妄想执着，不能证得。"是说人人都有智慧之心，人人都可成佛，只是有些人太执着于痴心妄想，执着于贪念，所以不能了悟。其实，我们行走在人生这个纷纷杂杂的大舞台上，闭幕谢幕都希望能听到一些掌声。这也许就是人的一些贪念，人人不能免俗。

陶华碧是个聪颖的女子。我想，如果当年她生于书香之家，饱读诗书，一定是一位兰心蕙质、行走间都能嗅到书香气息的女子。即使生长于贫寒的山村，她的灵秀之气依然感染着身边的人。小小年纪就会素手调羹，略长大成人，就知道心疼爹娘，砍柴、烧火、做饭，人口众多的家族，可怜的那点口粮显得那么微不足道，她用少量的油炸制的辣椒油，成了大家改变伙食的一道美肴。陶华碧无意成就什么很大的事业，她只求活下去，不被人笑话，养大两个儿子。命运偏偏又垂青了多舛命苦的她，在给国人准备的辣酱产业里，她越做越大，不仅仅学生们喜欢吃，打工族喜欢吃，就连白领、老板也喜欢吃，当"老干妈"辣酱飘洋过海到了国外，外国人更喜欢吃。

终于相信了那句话：好人有好报。陶华碧是个苦命人，可能是上天看她太辛苦了，一向爱恨分明的上天准备给她一些生活的甜。她又是个幸运的人，她的事业越做越大，她的福报越来越多。她抚平了穷学生窘迫的心痕，她给了外国友人"鲜辣香"的口福，她让一瓶小小的辣椒酱，霎时从"灰姑娘"变成了"白富美"，也有人打趣说："老干妈"一秒钟变身"格格"。

果真变成"格格"了吗？且让我们看以下数据：

一瓶 210 克的"老干妈香辣脆油辣椒",在美国亚马逊网站上的价格是 11.99 美元,折换成人民币约为 73 元,而同样重量的同一款"老干妈"在淘宝上的价格平均为 7.8 元。在"老干妈"的其他品种中,最低的价格在 3.5 美元以上,折换成人民币也要 23 元。

2014 年 7 月,美国奢侈品电商 gilt 把"老干妈"奉为尊贵调味品,限时抢购价 11.95 美元两瓶(约合人民币 37 元一瓶)。

最初我有点不相信自己的眼睛,即使外国的物价比国内高吧,也不会差这么多吧。于是我专门察看了英文版的亚马逊网站,我看到,一瓶 280 克的"老干妈风味豆豉"标价是 8.99 美元,约合人民币 56.252 元。而这款辣酱在国内的价格才只有 9 元人民币。56.252∶9,如此大的差价顿时让我有了国内"老干妈"类似白送的心态。难怪最近一条有关"老干妈"的微博被人多次转载,有个学生吃了一瓶"老干妈"后,和我一样好奇去看了"老干妈"的英文版亚马逊网站,当他看到自己吃的这款 8 元钱的"老干妈"竟然被列到了奢侈品网站上,标价 12 美元,折合人民币 78 元时,惊讶之余,他发了这样一条微博:晓不晓得,"老干妈"在美国居然还是奢侈品,原来每天我都在吃奢侈品啊。

我们曾经梦想过范思哲的服装、卡地亚的珠宝、爱玛仕的包、劳力士的手表、劳斯莱斯的轿车、兰蔻的化妆品……奢侈品的梦想是每一个屌丝美丽奢华的梦,好比牛郎梦中的织女,好比庄稼汉梦中的田螺姑娘,她离我们很远,远得只能在梦里想一想,直到"老干妈"的出现,她帮助我们实现了遥远的那个梦,从此后屌丝不再妄自菲薄,他可以骄傲地对世人说:"我每顿饭都在吃奢侈品。"这种骄傲和自信,顿时让平凡的世事不再那么艰苦,有了屌丝变高富帅的冷幽默心态，顿时人生的路不再那么难走。

有大学生在微信里说道："当我知道今天吃的'老干妈油辣椒'成为美利坚共和国的奢侈品牌时，顿时团结紧张严肃活泼金星附体来一句，老子每天下饭的都是国际品牌！！！思密达屌丝，你们吃得起吗？"其欢畅傲娇的心态让众人为之颔首会心一笑。

其实，"老干妈"能成为奢侈品，打出国际品牌并且获得成功，最终还是陶华碧有着远大的市场规划。陶华碧不识一字，可是她却有着天生的生意头脑，早在2000年，"老干妈"辣酱还处在国内这一市场发展的时候，她就和国家外贸部取得联系，并且获得外贸部授予的"自营进出口权"，即"老干妈"可以自由进出口国外。仅仅几年时间，她就授权在国外设立了代理商，从而让产品出口欧盟、美国、日本等40多个国家。

天若有情天易老，人间正道是沧桑。平凡的女子一旦被激发了潜能力，就会拥有巨大的能量。苦命人终于有了回报，她终于不再为吃饱饭、为孩子的学费发愁。她用一瓶小小的辣酱，成就了一个世界的神话，她成功的本质就是实在人办实在事儿，就是实惠于民。面对国外价格昂贵的质疑，她大方地挥挥手："我不赚中国人的钱，只赚外国人的钱！"

一位经常坐川航飞机的商人说，他来回经常乘坐在经济舱，吃饭时，乘务员发餐盒，后面有另一个乘务员拿着一瓶"老干妈"，送给每一位乘客。他说，没想到"老干妈"也会走进经济舱，以前一直误以为这款辣酱是平民享受的。

看来，"老干妈"不仅适用于屌丝和平民，就是走进经济舱，它的价值也并不低档。

"灰姑娘"变身"格格"，并不是空穴来风，灰姑娘也能登上大雅之堂。

食品安全，任重道远

岁月无情，浪涛了几多的风尘；岁月有情，又以欢欣鼓舞的心态迎接新的生命的到来。每一天，我们每个人依靠着自然万物供养着自己的血肉之躯，每一天，我们又伴着浓郁的饭香开始有滋有味的日子。可是天空总会飘过几朵乌云，自然界也不都是天空晴朗，从古代的茹毛饮血到用火烤熟食物，再到今天的餐桌上各种珍馐美味，食品安全的重要性，一直没有被人忘记。

周代，尽管技术落后，交通不便，统治者依然非常重视食品的安全性。周代的食品主要以初级农产品的直接采摘、捕捞为主，所以对农产品的成熟度十分关注。据《礼记》记载，周代交易的规定为："五谷不时，果实未熟，不粥于市。"脱离了茹毛饮血的周代，他们已经懂得了市场上哪些食物吃了会对身体不利，于是规定了不熟的果实、不到时令的五谷，都不能进行买卖。这是我国最早的关于食品安全的管理记录。到了近代，随着化工原料的发展、科技的进步，虽然让人们过上了快捷方便的生活，可是这些化工原料也被别有用心的人用在食品上，取得一时之利，挣昧心的钱。

耿直如陶华碧，在商业的大潮中，在坑蒙拐骗、奸诈诡谲、无商不诈的商人中，她显得是那么标新立异，那么出淤泥而不染。在面对凤凰资讯独家专访中，她说："我们不想当官，就要做实业，要上对得起祖宗，下对得起百姓，还要对得起党和政府……我说的都是实实在在的，我不说假话，要说真话。党也说要听就听真话，说实话。我走出来的路，现在那些年轻小伙子都走不赢我……我这个人虽然脾气不好，但是我的心好，我没那个坏心，我诚诚恳恳做。我教育他们,要好好做人,要赚清清白白的钱。为国家多做点贡献……

人要有志气,要自尊、自爱、自强、自信。先做人,后做事,你人都不会做,怎么经商呢?诚信做人、诚信经商、诚信纳税,你就不怕,我们要子子孙孙这样做下去。"

实实在在做人,实实在在做事。"先做人,后做事。人都不会做,怎么经商呢?"每一次听到陶华碧这些铿锵有力的话,就会让人心潮澎湃。这个世界上,有多少人做事不考虑别人的感受,只想着自己,这个世界上,有多少人伤害了别人还淡漠而过,从不觉得内心有愧。坚强如陶华碧,她做人做事都有自己的原则,她脾气不好,可是心好,她做生意不赚黑心钱,尽管她的辣酱产业已经覆盖了全国90%份额,可是她从来没有想过提价,她没想过在食品成本上减少开支,她用的油是纯正的菜籽油,她用的辣椒是自家建设的基地里出产的辣椒。她用一个消费者朴素的人生观"先做人,后做事"要求自己,也要求自己的企业严格把关食品安全。在食品安全问题频频曝出的当代,她的企业是难得的没有被负面报道的、也没有被人诟病的企业。她在用心做产业,用的是一颗红彤彤的心,而不是多挣钱就坑害百姓的心。

"老干妈"在世间的每一座城市、村庄,每一个家庭的餐桌上普及之广,让人感叹:有华人的地方就有"老干妈"。如此庞大的产业,在经营的过程中,总会有些磕磕绊绊,尤其在遇到食品安全的问题时,陶华碧总是以百姓的健康为重,她宁愿自己亏损也要保证人民食品安全,她的精神洁癖,体现在对事业的严于律己上面,也体现在对"老干妈"辣酱的至善至美上面。

一些关于"老干妈"的故事,关于陶华碧倔强耿直的态度,悄悄在民间流传。有一年,有一家玻璃制品厂给"老干妈"公司提供了800件(每件32

瓶）酱瓶。谁知，公司装上麻辣酱刚销售到市场上，就有客户反映："有的瓶子封口不严，有往外漏油现象。"不巧，一些对手企业不知怎么很快知道了这事，马上利用这事攻击"老干妈"。陶华碧知道后非常重视，要求相关部门迅速查处。一些管理人员向她建议说："可能只是个别瓶子封口不严，把这批货追回重新封口就行了，不然损失就太大了，这可是800件货呀！"陶华碧却坚决地说："不行！这事关公司的信誉！马上派人到各地追回这批货，全部当众销毁，一瓶也不能漏掉！损失再大，也没有在市场上失信的损失大！"结果，这样的做法虽然使公司损失巨大，却让人们看到了"老干妈"信守质量的决心，坏事变成了好事。

食品安全，对于陶华碧来说，就是一个品牌的命根子。2008年三鹿的"三聚氰胺"事件，直接导致了三鹿企业的坍塌。从此后，在全中国占据大份额的"三鹿"成为过去时，再也不能起死回生。陶华碧一开始做事就是本分实在，宁愿不挣钱，也不让吃到嘴里的食品是有毒的或者有害人体的，她对企业对"老干妈"的这份执着，更是对"老干妈"品牌的爱。她知道，牌子拼出来不容易，一旦有任何对不起人民的事，就是自己砸了自己的牌子。作为一个不识字也没读过经商管理的女人，能有如此开阔的胸襟和近乎苛刻的执着，实在是难能可贵。

在"老干妈"越做越大之时，有些合作伙伴和厂家为了私利或某种目的，还真的准备骗她。有一次，她的公司急需豆豉原料，让重庆的一家豆豉酿造厂赶紧运来了10多吨豆豉；因为是"等米下锅"，检验员收货时也就没特别仔细看；谁知货下车后，才发现外面摆放的豆豉是质量好的，里面的豆豉居然都馊了！如果只顾赶着生产，这批豆豉经过特殊处理后用一用也未尝不可，但陶华碧哪能容忍对顾客有一点儿欺骗？她坚持退货，公司也因缺原料被迫停产两天。

要知道"老干妈"向来无库存,有多少货就能运走多少,陶华碧的做事风格就是零库存,有多大本事就做多大事,每天早晨,一些卡车来到"老干妈"的厂区运走辣酱。停产两天,就意味着两天不卖货,损失数百万瓶辣酱产量,至于金钱的损失,更是不可估量。

但这件事传开后,陶华碧为顾客真诚负责的精神感动了人们,"老干妈"在市场上的信誉更好了。而重庆的那家豆豉酿造厂呢?却因为连陶华碧这样的实在人都欺骗,顿时成了"千夫所指"的过街老鼠,在同行业的信誉一落千丈。

在"你方唱罢我登场"的茫茫商海里,也许今天你是赢家,明天就会成为输家;今天你消匿不振,不代表你永远不会成功。好的口碑打出来不容易,毁掉却是一朝一夕的事。陶华碧作为一个农民企业家,之所以做到了很多商人都做不到的事,就是本着她的实在,她的善良。

当然,也不可否认,确实有些投机倒把的人,利用食品检验的漏洞,做坑害百姓的事。食品安全,形同于一个人的灵魂。如果一个人灵魂坏了,他(她)即使貌似潘安,才比宋玉,依然是一个浑身散发着恶臭的人。一个品牌能够守住诱惑,不被功利的事情所左右,它在商界就永远也不会倒下。

由于近年来,食品安全的案例频频发生,于是民间有了这么一个笑话:话说有一双皮鞋,他们在世间彼此相爱。可有一天,他们失散了,一个变成了酸奶,一个变成了胶囊,他们以为永远也不会在一起了。谁知道有一天,他们在胃里相遇了……

两个皮鞋在胃里相遇,我们会联想到什么呢?皮鞋向来是穿在脚上的,怎么会变成食品呢?

不是我不了解，是这世界变化快。殊不知，2005年至2011年期间，在山东等地爆发的"皮革奶"事件，导致了人们对奶粉的不信任。一些不法商贩把皮革废料等物质加水解提炼成"皮革水解蛋白"，再将其掺入奶粉中，以提高奶粉的蛋白含量以蒙混过关。由于"皮革奶"造成的极度恐慌，导致进口奶粉的销量好于国产奶粉，重建公共信任的高成本付出，又让国内奶粉企业诚惶诚恐，战战兢兢。

据悉，2015年5月在例行检查中，向第三方检测机构送检陶华碧"老干妈"等8品牌辣椒酱，着重评价其安全性。综合油脂、农药残留、水分活度与菌落总数等安全指标，在8个产品中，油辣椒酱中的陶华碧"老干妈"，令人放心，可安全食用。

以上为某官方机构发布的新闻，可见，陶华碧在油制辣酱领域是经得起考验的企业家，"老干妈"是让消费者吃着放心的产品。

历年来，"老干妈"在形形色色的检验中，就一直处于不败之地，"老干妈"企业先后被授予全国食品行业质量效益型先进企业、全国乡镇企业质量管理先进单位、国家级农业产业化经营重点龙头企业称号，并顺利通过了ISO9001：2008质量体系、ISO14001：2004环境管理体系、ISO22000：2005食品安全管理体系认证，产品"油辣椒"通过了绿色食品认证。2006年"油制辣椒"系列食品获得中国名牌产品称号，并作为标准的主要起草单位发布了国内首个"油制辣椒"国家标准；2007年"陶华碧""老干妈"注册商标被国家工商总局认定为"中国驰名商标"……

当你看到"老干妈"辣酱上面"中国驰名商标"6个字时，不要忘记，这小小的辣酱代表着陶华碧"先做人后做事"的一颗诚恳的心。

第四章

陶华碧

左手八大印象,右手"老干妈"

一个品牌的诞生，必有它鲜明、独特的风格，这个风格就是它的个性。成功了，怎么说都是对的。因为，大家看见你台上的风光、头顶的光环。没成功的时候，怎么解释都是错的，因为，人们相信眼见为实。所以，别跟人谈情怀，他们只相信眼前；别对人说梦想，他们只关注现实。

　　好吧，你就埋头做吧，别把时间浪费在解释上。没有委屈就没有成长，没有挫折就没有成功。创业就是修行。

"老干妈"=香辣酱

行到水穷处，坐看云起时。世事无常，变化莫测的人生总是让我们彷徨徘徊、犹豫不前，但是人生之途又有那么多的诱惑，有金碧辉煌的前景让我们奋起，遇到挫折又让我们灰心失望。也许，只有顺其自然，荣辱皆放下，一切都随着造物主的安排，活着，快乐开心地活；离去，安然淡定地走，这才是一个智者本然的宿命。

陶华碧虽然没有学过文化，却是一名生命中的智者，她知道什么该做，什么不该做。她从不抱怨命运，虽然命运在她的前半生灌进了太多的苦水；她也从不刻意去做一番经天伟业，虽然她最后成为了商界的龙头老大。她就想好好做好自己的辣酱即可，她就想挣一些钱，以便给孩子交学费，给孩子买房子，让两个牛犊一样强壮的儿子吃得饱饭，她的生命本来就是如此顺其自然地安排着。良善的人总会有一番好报，她成就了佐餐调味界的一个神话，她的出现让"香辣酱"名副其实，正是"香辣酱"这简单的三个字成就了"老干妈"。"老干妈"就是香辣酱。

陶华碧做"老干妈"这个品牌，做得成功。"老干妈"不仅仅风靡中国，还远销海内外，成为国外人的新宠。它并没有添加什么奇香异味，它就是一种酱，可以佐餐，可以调味，它既可以开盖即食，也可以蒸煮煎炒。20年来，它一枝独秀于开胃菜的市场，顺畅得竟然没有任何酱品和它抗衡。20年形成的口碑，它有了十亿人的市场。如果一个人说没吃过鱼翅熊掌，我不觉得稀奇，如果一个人说，他没有吃过"老干妈"辣酱，会让身边的人觉得大为诧异。"老干妈"辣酱成了国民家庭必备的香辣酱，只要你去商店里买香辣酱，老板肯定会问你一句：来瓶"老干妈"？

"老干妈"之所以做得如此强大，没有竞争对手，就因为它的定位准确，品相单一。即："老干妈"＝香辣酱。相反，一提起香辣酱，脑海里马上想到的就是"老干妈"。长达20年形成的口碑，已经深深扎根于人们的脑海，"老干妈"成名后，没有去做"老干妈"牌香油，没有去做"老干妈"牌火腿，也没有去做"老干妈"牌电热器，它永远给人的印象就是三个字：香辣酱。

有人说陶华碧傻，也有人说陶华碧是农民思维，跟不上时代的进步，更有人说陶华碧不懂得把"老干妈"做得更大更强。既然"老干妈"的牌子出来了，专门卖辣酱不如多多发展，可以发展"老干妈"牌的其他行业，比如"老干妈"服装，"老干妈"的电磁炉……对于此等建议，陶华碧向来是微微一笑。她说："我有多大本事就做多大事，我就会做香辣酱，别的行业不会，我就不做！"

她就是如此的朴实，说话也从来不会拐弯抹角，她觉得能把辣酱做好，这辈子就很不错了，如果三心二意，今天觉得酱好卖就做酱，明天觉得香油好卖就去卖香油，那永远也成不了大气候。如果能专注于就做一件事，不为其他利诱所动，那么这一件事也可以成就一番霸业。

谭木匠是全国知名的木梳品牌，创始人谭传华早年经历坎坷，18岁那年下河炸鱼炸掉了右手，从此后他只能和残疾为伴，23岁时由于身体原因恋爱受阻，于是准备放松心情，云游全国。之后为了生活，开始了木匠生涯，创立了"谭木匠"木梳这一品牌产品。为了诚信于民，他的梳子上都刻有"产品易虫蛀，易折断"字样，虽然他的梳子标明了缺点，却让消费者看到了天然绿色的诚意。多年来，他不炒股、不炒地皮、不做房产，只专心致志做好木梳。他的主要产品是排梳，虽然都是做梳子，他却从没打算做针梳，因为针梳的齿一般不用木质材料，而谭木匠做梳子的原则是以天然环保为主的木质梳子为主。所以，谭木匠只做自己应该做的，不做不该做的。

谭木匠的品牌打响后，他依然只认为，做好自己的梳子就够了。面对《财经周刊》记者采访，他说：

"比如炒地皮，我拿两3千万去圈一块地，随便在哪里圈，尤其是几年前，都赚大钱了，这样赚的钱比做梳子赚的钱多多少倍，但是我们都没有去做。原因就是这样一赚钱多了最麻烦。真的，我是对钱不看好的一个人，钱多了怎么办？钱一多了心就乱了，就对梳子不感兴趣了，真的是这样的，钱多了有的时候真的害人的，就把你的心抢夺走了。"

"我和儿子商量过，不要想去做'大'公司，做一家'好'公司就可以了。这个公司只要在不断地成长，就够了。还是想把梳子做好。做全球的'一把梳子'就够了。不要想去做得太多，就是想把梳子做好。"

"我的梦想就是做个好公司。坚持把梳子做好，把公司治理好。我们坚持'稳健'的策略，这样对投资者、对消费者、对加盟商、对员工会更好。不要盲目求大。"

　　谭木匠谭传华少年时候残疾，中年坎坷流离，但他毕竟是个有文化的商人，少年时期跟随过在部队的二哥学习过绘画，又饱读诗书，曾有过当诗人成为作家的文学梦想；陶华碧早年丧夫，也有过苦痛挣扎的日子。两个人在文化上没有什么交集，生活的坎坷也不一样，可是两人在商业上的观点竟然不谋而合，可见，商场如同战场，有着雄才大略的成功商人，不一定有着相同的文化层次，可是他们对商品的专注力度，对品牌的精益求精，是一致的。

　　陶华碧从来不做房产，不炒股，不做其他产业。她认为这一辈子，能做好辣酱就是最大的成功了。以至于人们一想吃辣酱了，第一想到的就是"老干妈"。"老干妈"代表了香辣酱。

　　有一种说法，来自于心理学。心理学家认为，人的最初对"专一"的器重源于原始人类初期，夫妻双方为了更好地繁衍后代，对彼此忠诚是唯一的标准。只有一夫一妻制，才能让男女更好地对后代进行养育的义务。社会发展了五千年，人类对食品的感知也有着"唯一性"的观念。一旦一个品牌扎根于心，就很难动摇。有的商家就很善于运用这"专一"的心理。情人节前夕，有一家卖鲜花的礼品店规定，本店只销售绑定身份证号码的鲜花，且一束鲜花只能绑定一个身份证号。它的这一制度很特殊，随着社交网络的普及，越来越多的情侣出现了不忠诚对方的行为，这种"身份证和鲜花绑定"的销售方式使得该店的营业额大增，原因就在于"一个身份证号只能卖给一个人"的观念，保障了男女情感的纯洁度，增加了男女之间的情感忠诚。

　　凤凰资讯采访陶华碧及家人时说："你们的企业已经这么大了，对涉足最赚钱的行业，你们有没有心动过？"

李辉(陶华碧的儿子)说:"七八年前,就有官员说让我们走多样化,比如可以做些房地产。但是我母亲坚持不做。如果当时做了,今天钱可能不是问题,但辣酱还能不能走到今天就不好说了。我母亲说,不要去贪大,要先把自己做强,吃的东西祖祖辈辈都可以延续下去。"

陶华碧说:"我做本行,不跨行,就实实在在把它做好做大、做专做精。这也做那也做,你哪有那么多的精力?我一心投入辣酱行业,越做越大,而且要做好。钱再来得快,也不能贪多。滴水成河,把一个行业做精。我们利很薄,就靠量,薄利多销。靠暴利那是不行的,滴水成河、粒米成箩。"

"老干妈"就凭着这种专一的精神,从小作坊产生爆炸式的发展,从而成就了"老干妈"这一品牌。

商业模式后紧随着的小弟们

世事如流水,淬炼了时光的风沙,历经了风浪的侵袭,沉浮于浮华的尘世,挣扎于命运的泥潭。陶华碧一步一步,从小做到了大,一天一天,从一个贫穷的、失去爱人的女子成为名誉全球的企业家。多年后,已经不再为"一箪食,一瓢饮"而忧心忡忡的她,已经满头华发,她还只有六十几岁的年纪,和她同龄的城里女人,已然晨起去跳跳广场舞,闲暇旅游观光。陶华碧六十几岁,脸上已经有了岁月的风霜,一头白发诉说着她早年间的酸辛,一双疲惫的眼睛带着一点点忧郁和惆怅。她已经不再为钱发愁了,以68亿的身价登上了胡润全球富豪榜,她依然不轻松,她想的是,打江山易,守江山难。一个品牌的建立,从无到有,是一个艰难卓绝的过程,尤其是对于一个从未打过广告的品牌,它的建立并且被发扬光大,更是艰难。

陶华碧时刻让自己处在一种精神紧绷的状态下,过惯了清贫生活的她,即使有了今生花不完的钱,完全可以住别墅和高档住宅,可她依然保持着艰苦朴素的作风。她吃住都在工厂里,她屋子里的东西都是结婚时候的几件旧家具,室内的墙上贴着一张毛主席的肖像。

像那个时代的人一样,她有着崇高的精神信仰。不做坑蒙拐骗的事,不赚黑心钱,是她对自己和"老干妈"的要求。她经营的"老干妈",作为快消品中的一员,多年来占据着市场大部分份额,并且以20%的速度递增着。很多人探讨,究竟是什么魅力使得"老干妈"成为调味品的龙头老大?究竟是什么魅力使得它历经多年不衰?就连相关专家也为此纳罕,"老干妈"不做广告不宣传又无背景,几个孤儿寡母怎么做到了如此大的规模?

市场是具有说服力的有效战场,有以下数据为证。在2013年的市场调查中,"老干妈"的市场份额为70%,"饭扫光"为18%,"饭遭殃"是5%,"抢抢吃"为5%,"李锦记"为0.8%,在调味品的战场上,"老干妈"已经成为无可比拟的老大品牌。虽然市场是喜人的,陶华碧并没有放下心来,她知道一个品牌能够建立,也能够倒下。"阿香婆"在"老干妈"面世时本来已经名贯全国,坍塌也是一霎那的事情。"老干妈"的商业模式并不复杂,它低门槛进入,不搞宣传,不花钱营销,靠口碑取胜,甚至几年来随着物价的节节攀升,"老干妈"的价格竟然没有上涨过,产品除了主打的风味豆豉,又研发了几个香辣酱的相关产品外，"老干妈"没有进行任何跨类产业的研发。专一、独特，成为"老干妈"在市场上屹立不倒的法宝。

在"克隆"成风的快消品界，模仿、抄袭"老干妈"商业模式的大有所在，尽管这些产品赢得了一时的利益，可是依然很难和"老干妈"抗衡。

"老干妈"的名字标识性强，鲜明有个性，能让人第一眼就记住。缘起缘灭，商业的战场重重升起了云烟，自从"老干妈"有了一个标新立异的名字，追随者们也动起了歪脑筋，其中有一个"老干爹"辣酱紧随其后，在商业模式上几乎照搬"老干妈"。对方寓意：你有"老干妈"，我有"老干爹"，我们井水不犯河水，我的商品我做主。

于是，你就会看到，在很多超市的货架上，"老干妈"和"老干爹"的商品并列排放，"老干爹"就如同捆绑销售一样，偏偏与"老干妈"放在一起销售。这样摆放的结果无非是给人们造成一个意识，认为这种商品是和"老干妈"一个系列的产品，或者是和"老干妈"沾亲带故。殊不知，"老干爹"不仅没有和"老干妈"沾亲，还利用这种意识上的连带模糊关系来和"老干妈"进行竞争。更为引人关注的是，两家企业还都在贵阳，只是没在一个区而已。"老干爹"的产品定位也是辣酱调味产业，"老干爹"看到"老干妈"陶华碧的经商故事比较传奇，有一定的宣传色彩，也就照搬过来，在宣传上说"老干爹"乃开过饭店的一名老师傅，自发研制了一种辣酱，又由于经常做好事，被人称作"老干爹"。

陶华碧可不想被人如此模仿抄袭，她立意让自己的企业做得更好更强，如果模仿者做的劣质辣酱影响了声誉，会殃及自己的企业。于是陶华碧不得不拿起法律这个武器。此后，"老干爹"和"老干妈"硝烟不断暂且不提，我们只知道，由于"老干妈"越做越大，模仿者如同过江之鲫。"老干娘""老太婆""老干爸""干儿子"……各种各样"老干X"层出不断，弥漫在辣酱的战场，然而这些"老干X"只是混乱了一时，混乱不了一世。硝烟弥去之后，它们如同昙花一现，全军覆灭，剩下苟延残喘的"老干爹"，也不得不竖起了白旗。"老干爹"经理在接受记者采访时感喟："'老干妈'的钱是用秤称，我们的钱是用手数，这就是差距。"

尽管追随者们各展其能，模仿"老干妈"的生意模式，可是都没有成功。按说，陶华碧应该把心放在肚子里了，可是商业的战场向来是严峻的，"老干X"覆灭后，另几个调味品牌接踵而至，它们看中了"老干妈"调味品低门槛做出了大事业的前景，"吃饭香""饭扫光""饭遭殃"等品牌，依然延用辣椒做原料，主打辣酱产业。比如这里面做得较好的"饭扫光"，除了延用"老干妈"的"鲜""辣"特色外，还用了酸豇豆做原料，添加了"酸"的口味，使得这款调味品酸辣爽口，和"老干妈"的"鲜""咸""辣"有了区分。即使如此，它的销量依然远远落在"老干妈"之后。

"老干妈"的模式看似门槛低，好模仿，实质上一个企业的成功，天时、地利、人和缺一不可。"老干妈"推出市场之时，正是中国人对辣味开始接受的时期，之前国人除了四川、贵州、湖南，喜食"辣"的人并不多，随着市场的开放，"辣"开始侵入北方和南方市场，并且让不食辣的人开始改变了观念，慢慢适应并且接受。"地利"上的优势是，贵州处于云贵高原，有着"一山有四季，十里不同天"的气候特征，这使得辣椒得以广泛的种植和食用。"老干妈"正是得益于当地辣椒产业有着成熟的产业链，对陶华碧利用此产业链发展辣椒产业起了推波助澜的作用；至于"人和"，陶华碧作为农民企业家，平易近人，把员工当亲人,她用爱心感化着自己的职工,职工对她也是忠心耿耿。天时、地利、人和,"老干妈"都占据了,想不出头都难。

有一个颇有名望的企业家,看到"老干妈"的辣味制品一年销售额达到了几十个亿,也想跟风一把,于是研发了自有品牌的"方便川菜"系列,结果竟然一败涂地。事后,他百思不得其解。论渠道,他是强项,他是做经销商出身,渠道是他吃饭的"东西",肯定不弱;论价格,他产品配料丰富,相对于"老干妈"更有价格优势;论促销、广告,"老干妈"根本没做广告,他的产品还做了一定的市场炒作。找来找去,原因最后归结于产品定位上。

他的产品定位是"方便川菜",作为一个地域特点非常强的产品,市场接受度上相对有限;其二,既然是川菜,就是一种"菜",平常人家会去超市买一份密封了好几天的菜吗?一般人家即使经济很糟糕,或者太懒,在外面几元钱买一份盒饭也配有炒菜,或者自己炒个鸡蛋也行,"方便川菜"毕竟和人们意识中的"新鲜炒菜"区分太大,普通人不会想到去吃它。

另外,方便、开胃不足以支撑起一个定位为"菜"的产品要求。"老干妈"就避免了这一尴尬,它定位为调味品,范围看似小了,其实更广阔了。囊中羞涩的学生既可以用它当菜,拌饭就馒头,也可以用到其他菜品里当作调味品,它满足了大部分人的需求,所以成功不可避免。

第一个吃螃蟹的人是英雄,第二个吃螃蟹的人是狗熊。"老干妈"的模式虽然成为了所有低门槛快消品的成功模式,可是一味的模仿复制,并不适合所有的产品。品牌先入为主,其他复制者只能踏着先来者的足迹行进,不论是"老干爹""老干娘"还是"干儿子",质量上如果超不过"老干妈",消费者不认可,后来者即使付出巨大的代价,依然难以撼动"老干妈"的强势地位。

瓶子还是那个瓶子

东方未白，天欲破晓。在陶华碧的人生旅途上有过太多的艰难，有过太多的沟坎，每一次艰难的跨越都带着啼血的伤疤，每一次艰辛的超越都是一场凤凰涅槃。

回顾以往峥嵘岁月，陶华碧已经云淡风轻，经历了爱人早逝，经历了颠沛流离的地摊生意，经历了背100斤黄泥挣3角钱的苦痛，经历了独自哺育两个儿子，肩负了一个单身女人的所有重担。如今，已经跨过知天命年的陶华碧，人生中所有的这些历程，对于她，都成了一种人生经验。那些泛着苦渍的经历，她不愿再想起，当然，她永远也不会忘记……

脑瘫诗人余秀华，成名前经历坎坷，她感情丰富，常常因为脑瘫导致的口眼歪斜、说话不爽利而被人小瞧，偏偏她又有着强烈的爱和恨。她曾经因为现实和梦想的差异而有过三次自杀的经历，一夜成名后她说："写诗不过是我坎坷人生的拐杖，是从天上偶然掉下来的糖果，如果有可能，我宁愿有健康的身体，用劳动去挣钱，我也不愿意当什么伟大的诗人。"我想陶华碧肯定也是有着如此的心愿，如果生命可以重来，她宁愿有一个永远不离开她的爱人，一家几口过着平凡快乐的生活，也不愿意如今独孤一人，坐着富豪的宝座。

生命对每个人是公平的，它给了你经天伟略之才，给了你经商的智慧，却也给了你平常人难以承受的打击和失意。有的人挺过去了，成就了一番事业；有的人停滞了，把机会让给了他人，自己虽然得到了暂时的安逸，可是永远也没有出头的机会了。陶华碧于苦难的人生中，向来是遇沟填沟，遇坎跨坎。她创立的"老干妈"品牌,从一问世的默默无闻,到如今的誉满全球,中间的过程无不凝结着辛酸的泪水。她最初设计的"老干妈"的瓶型,经历了20年依然未变,有人说她设计的瓶型是20世纪90年代的审美观,已经跟不上时代的发展,不够新潮和时髦,也有人说"老干妈"的瓶型太普通,既然影响力已经如此深远,何不标新立异,更加亮眼?

陶华碧大手一挥:我们卖的是产品,不是包装,再说,我觉得我们的瓶子简单质朴,瓶子就是盛放辣酱的容器,不值得花里胡哨,浪费金钱。

陶华碧就像山谷里的幽兰,有着大山里人的爽朗和质朴,她吃过人世间的苦中苦,也有着山里人的决断和坚强。她的每一句话都透着她实惠于民的朴实,也有着她从不搞歪门邪道的倔强。她认为,瓶子不能喧宾夺主,它的作用就是盛放辣酱的,不值得花费物力财力搞得花里胡哨。虽然到了此时,陶华碧已经有了雄厚的实力和财力来打造新的瓶型,可是她依然故我,她倔强的就像她那颗生于20世纪40年代的心,有着旧时的古板和信仰。尽管是世界富豪,她屋里的陈设依然是旧时的古旧家具,她并不是不需要阳光,她也并不是不想打开窗户,接受新鲜的空气和新的太阳,她只是有着怀旧的心思。她觉得一个人活着,即使穿的吃的都随着时代发生了改变,可是不能忘本,不能有了钱就奢华,人就应该本本分分,该花的钱一定得花,不该花的钱,就不能花。

由于她的"守旧"和"古板","老干妈"的瓶型20年没有改变,普通的瓶型,吃完了辣酱可以刷刷当水杯使用,据说还有人用它泡茶,它的规格和我们平常用的水杯大小差不多,它的成本非常便宜,只有几毛钱,"老干妈"的行事风格实惠于民,她绝不允许包装的华丽影响辣酱的价格。她把包装的成本降到最低,就是为了让人们少花钱,买一瓶实惠的辣酱。

不知你看没看过陶华碧早期的照片，她穿着一件黑色底子白色大花的褂子，领子是旧时的 V 型，她的发型也是普通的中分，很朴素、很诚恳的一个中年女人。彼时的她，虽然年轻，可是生活这座大山使得她没时间修饰自己。我想，每个女子不论是老年还是青年，她都是爱美的，可是陶华碧就省略了这些烟花脂粉。她认为，有一颗好心肠比那些花花绿绿的妆扮更美丽，如果一个人，心坏了，那么就是穿价值百万的名牌，也依然是丑的。

陶华碧用自己的风格影响着"老干妈"的瓶型，正是因为几十年不变的瓶型，使得人们熟悉了"老干妈"，她不改变风格，守旧的习惯也迎合了人们的怀旧心理，加强了对"老干妈"的认知。人们多年"吃"的就是这款瓶型，一再强化的结果便是对"老干妈"永久的爱和不舍。其他品牌的辣酱问世之时，无不参照"老干妈"的瓶型设计，或稍有改动，因为他们知道，消费者的习惯一旦确立，很难更改，"老干妈"的瓶子便宜实惠又受欢迎，追随者们当然直接"拿来主义"了。

"老干妈"的包装简单不奢华，这正说明了陶华碧的风格，不求外表的漂亮，只求内在的美丽。相比之下，国内很多产品却陷入了"过度包装"的怪圈。东北吉林盛产人参，十几年前的广交会，还是以 30 公斤的包装参展，后改为 5 公斤小包装，每公斤售价提了 30%。保健品商家看到有利可图，依然没有影响销量，于是越来越把产品集中在包装上，别出心裁在每根人参腰间系一根红绳，加一锦盒包装，售价就翻了几倍。后来这些商家又研究对策，把人参切成薄片，贴在泡沫盒上，并开一个透明的窗口，这样对于消费者，性价比更低了；更有商家想出新主意，他们把人参磨成面，装进胶囊里，几粒胶囊装一个板，装进一个小纸盒里，几个小纸盒再装进一个大锦盒里，最后大锦盒装进一个大锦袋里，这才"装修"完毕。这样一来，价格自然又上涨了几倍，消费者得到的实际人参只有一小部分，这些商家貌似沾了光，殊不知，消费者一旦识破了里面的猫腻，不再消费这些包装豪华的人参，受伤害的还是商家。

八月十五中秋节是国人的传统节日，中秋节期间吃月饼、送礼送月饼成了一种习俗。而近几年围绕着月饼的包装，简直是越演越烈，越来越华丽贵重。"天价月饼"的出现，使得竞奢夸富的心态越来越偏离中华传统美德的轨道。本来中秋节属于中国人的传统节日，宣扬传统美德，了解国学精髓，是每个中国人的责任，可是如今一盒精美奢华包装的月饼竟然高出成本价几百倍几千倍出售。还有的商家为了让顾客舍得花钱，在"天价月饼"的包装上，附带上定量的黄金白银，真不知，顾客买的是月饼还是黄金。这种月饼不仅仅助长了送礼腐败之风，更让中华民族的传统节日失去了意义。

陶华碧正是看透了虚假包装后面隐藏的是欺骗消费者，把成本花在了包装上，再增加几倍利润的方法，让她不齿。她就认准了一个理：好好做生意就行了，不值得用华丽的瓶子。20年来，她一直这么做着，她经年累日的朴实作风，也一直感染着身边的每个人。

茅台推出过无数新品，但消费者最认可的还是最初的老包装"飞天茅台"，认为这才是总理喝的茅台，是地道茅台。可见，一个瓶型的立杆标准一旦确立起来，再推倒是很难的。"老干妈"陶华碧无意为之，却使得"老干妈"的瓶型成为辣酱界的一个标杆，她的经商理念可谓是：无心插柳柳成荫。

头像还是那个头像

一个品牌的创建，除了要有一个响亮的名字，还需要有一种标志性比较强的商标。有了好的商标，才能在众多的同质化商品中脱颖而出，而商标的表现形式，就是图像、数字、字母等组合。

还在创业之初，经过几多的酝酿，陶华碧刚开始用自己的肖像作为"老干妈"的商标之时，她就认为，这份辣酱是自己亲手制作的，香辣酱的制作工艺也是自己经历了几百次的实验，才研制出这种风味独特的辣酱，只有用自己的肖像作为商标，才更有说服力，用自己的人格担保产品的质量，消费者才能产生信赖感。当然，用头像做商标，责任也就更大了，如果一旦有一瓶产生质量问题，比如瓶子漏气、漏油、辣酱味道不醇正，消费者就可以指着她陶华碧的鼻子说：你这辣酱做的，不合格！欺骗消费者！

陶华碧有过深思，有过犹豫，毕竟一天产出200万瓶，智者千虑还必有一失呢！一旦有一瓶有质量问题，那么，她陶华碧把自己的肖像印在上面，不是自取其辱吗？倔强的陶华碧终于下了决定：严格把控质量关，争取一瓶无退货！只有保障产品质量，才有勇气把肖像印在辣酱瓶上面，自己才有底气，面对每一个消费者信赖的目光！

虽然当年陶华碧没有文化，不懂法律，她却是一个具有天生敏感度的商人。相对于20世纪90年代的商家，陶华碧对商标的标志性、鲜明性，以及用肖像做商标的独特性，都算是具有超前的意识。她没有学过经营管理，却有着商场上独特的嗅觉和敏感，这种才能和果断力并不是天生的，而是经过岁月的沉淀，艰苦日子的研磨，逐渐形成的，它代表了自己独特的经商观点。而这份经商观就是放在世界级别的舞台上，都是有分量的，超前的。

她直接了当、不拖沓，敢于用肖像做商标的那份勇气，就是用在其他商业里，也是独一无二的。有一件事可以说明她果断不含糊的性格。曾有政府官员和各个银行工作人员看到"老干妈"营业情况蒸蒸日上，于是怂恿她贷款，陶华碧一句话就噎了回去："你们不就是要点利息吗！"

耿直如陶华碧，直截了当如陶华碧，她敢做敢为，在第一瓶辣酱出厂时，就把自己的肖像贴了上去，在大儿子李贵山的协助设计下，"老干妈"的第一份商标问世了。整个商标的最醒目之处，就是中间偏上的位置，有一个面容稍显憔悴的女人，穿着一件白大褂，她目光炯炯地瞅着你。彼时的陶华碧，还刚刚50岁，开了几年"实惠饭店"，又做了几年小卖铺的生意，她依旧不富裕。生活在她50年的旅途上，印下了酸涩的痕迹。她不施粉黛，试想，有哪个女人不爱美的，她不是不想，是没有时间来梳妆打扮，而且，女人若做美容、穿名品，是一笔不菲的花费，归根结底，还是没钱、穷。生活的窘迫会让一个女人返璞归真，青春岁月里她干过男人干的苦力，像个男人一样奋斗，又以温厚的母爱来抚育两个儿子。她太累了，太苦了，她的眼睛里和心坎里都很少见到晴朗的天色，她说："我不努力，就不能活下去。"她还说："这个世上我最佩服的女人就是吴仪，我佩服她的精明果断，更佩服她有着一生未婚的勇气。一个女人，没有男人也能活得风生水起，活得有滋有味，活出自己的价值。"

我想，只有强者才能彻底了解一个强者，只有单身女人才能了解另一个单身女人为此付出的代价。而陶华碧早年丧夫，她活得更为艰难。陶华碧建厂之时，已经到了知天命之年，对于别的同龄人或许已经含饴弄孙，安享晚年，可陶华碧的人生却刚刚开始，她的奋斗和以后遇到的困难才刚刚起步。所以，她的眉头微蹙，似有说不尽的忧愁，她嘴角微抿，带着一股少有的倔强。有人说她的表情有一股狠劲，我相信当初陶华碧就是带着一腔狠劲儿来创业的。当初她建厂，并不被人看好，她做了几年饭店和商铺生意，只有一万多的存款，她从来不借款和赊欠，因为她知道，一切得靠自己，她说有多大本事就做多大事，从来不像有些商人一样，两手空空套白狼。当初一切设备都没有，40个工人，全靠手工操作。陶华碧以身作则，从来没把自己当作大老板，她是从底层走过来的，即使当她成为亿万富豪后，她依然能够叫得出工厂70%工人的名字。她生命里的那条河，是艰苦岁月里奋斗的一条河，她的所有经历都镌刻在她忧苦的皱纹里，印刻在她饱经沧桑的脸上。

可以说，"老干妈"一经问世，就有着陶华碧鲜明的个人风格。20世纪90年代正是造星运动风起云涌之时，选个大明星大美女代言，是很多食品、调味厂家的首选。陶华碧的"老干妈"刚从小作坊里生产出来时，她并不是不知道自己的品牌不够有影响力，自己远不如那些明星有人脉和粉丝。可是陶华碧并不认可明星代言的产品，她认为，自己做的辣酱是品质可以得到保障的，味道是能够经受市场考验的，自己就是"老干妈"的名片，自己就是商标，是对这个品牌最大的保护。明星代言，拿钱走人，他们不会对产品进行任何的保障，他们连生产辣酱的车间门都没进过，怎么可能保证产品质量呢？唯有自己，吃住在工厂，只有自己最了解这个品牌，只有自己最了解每一瓶辣酱。

陶华碧没有用任何明星代言，她本本分分做事，本本分分做酱。在她的努力下，家家户户的餐桌上都有一瓶"老干妈"，为人们点缀着餐桌的口味，每一家的餐桌上都有她质朴的目光，她的眼神在告诉你，她不会欺骗你。

陶华碧用自己的头像做商标，把自己的照片印在辣酱的瓶贴上，渐渐地，人们已经习惯于她那略显严肃的表情了。她虽然不施粉黛，却有着中华民族几千年铸就的质朴气质，这种气质是我们每个人心目中"妈妈"的感觉。我们的母亲含辛茹苦，兢兢业业，她就像我们的"干妈"，这种无形中建立的"亲情"，是陶华碧最初创造这个品牌时想不到的。她本身具有的美德，使她的产品不仅仅只是一瓶辣酱，更多的蕴含着一种母爱。

岁月更迭，品牌依旧。成功的人都有一个共同点，即：敢于承担，敢于冒险。创立"十三香"的王守义，他也把自己的肖像大大地印在"十三香"的调料包上，他那诚挚勤奋的形象也一直深入人心；至于王致和豆腐乳，外国的"肯德基爷爷"，无不利用自己的头像做品牌。他们的商品也正因为具有其本人的"可信赖，和蔼可亲"的形象而被广大消费者所喜爱。

据说，当年设计"老干妈"商标时，在陶华碧头像的下方，"老干妈"三个字是贵州当地一位书法爱好者用钢笔写就的。建厂之前，陶华碧经营过一段时间的"实惠饭店"，在当地颇有影响，于是当年的设计也颇有意思，在头像的左右两侧，对联似地写有"实惠饭店""风味豆豉"八个字，圈在黄颜色椭圆形的框内。直到后来，她才把"实惠饭店"四个字去掉。可见，即使是办厂做辣酱，陶华碧都没有忘记她的"实惠饭店"。据说放弃饭店之时，陶华碧哭成了泪人，她心疼那些吃不上饭的穷孩子，因为之前，对于没钱的孩子，她向来是免费管饱。

陶华碧的"老干妈"遍布全中国后，模仿追随者数不胜数，她头像蕴含的质朴的神情气质，成为整个酱味制品的标准头贴，以后的厂家为了竞争调味市场，可谓怪招频出，换换头像就成了他们的商标。为此，陶华碧不得不打了多年商标官司以维权，此是后话。

从调味品到开胃菜的辗转定位

如果有人问你，现在流行什么，你可以果断地告诉他，现在流行跨界经营。

的确，现在世界各地的企业大亨个个跃跃欲试，他们在本行业里玩得风生水起的同时，竟然还嫌不过瘾，又去玩跨界经营。意大利的奢侈品名牌范思哲宣布与中国的某集团牵手，准备在成都建造一栋范思哲公寓；阿玛尼看着范思哲搞房地产眼红，也跑到中国，要建造豪华住宅，专供艺术家使用，名字都起好了，就叫"阿玛尼艺术公寓"；美国一家休闲快餐Chipotle，平日里因为宣扬环保、绿色食品被人称道，忽然跨界经营玩起了"环保和可持续价值诉求的服装"，包括卫衣、T恤等。跨界经营好像成为了国际惯例，陶华碧的"老干妈"，曾经一度也面临过这个问题。

"老干妈"自从问世后，就一直有人怂恿陶华碧：既然企业已经这么大了，现在又流行搞房地产，你也投点资搞点房产吧。搞地产挣钱容易，比做辣酱强多了。

当时陶华碧把这些建议都当作了耳旁风。她说："我做本行，不跨行，就实实在在把它做好做大、做专做精。"

陶华碧从来不想做其他行业，她是一个一件事做到底的人，她认准的事，就要踏踏实实地做下去。她从来不想跨界经营，唯一能让她动了心思的是，延续生产。

也许有人会说，延续生产和跨界经营不是一回事吗？为何还两种说法？

实质上，跨界经营和延续生产有着必然的联系，可又不完全是一回事。延续生产是在原有产品的基础上开发的相邻产品；跨界经营就是指生产完全不搭边的两种产品，这两者产品之间没有任何类似或相同点。比如经营奢侈品的范思哲来中国搞房地产，就属于完全不搭边的跨界经营。

陶华碧在经营"老干妈"时，她没有产生过搞其他产业的想法，其实，这正是她的聪明之处。她维护了"老干妈"品牌的单一，使得"老干妈"具有鲜明的调味品的标识。但是她也并不是固步自封，在最初只有一款风味豆豉的基础上，她大胆创新，开发了"老干妈牛肉末风味辣酱""老干妈香辣菜""老干妈风味腐乳""老干妈油辣椒"等近20种产品，尤其是"老干妈风味腐乳"的上市，销售产值直逼"王致和腐乳"。

"老干妈风味腐乳"在最初实验开发之时，作为"老干妈"的掌门人，陶华碧是有过考虑的。在"老干妈"系列里，不论是"老干妈"香辣菜，还是"老干妈"牛肉末、"老干妈"干煸肉丝，原材料都离不了辣椒，唯有这"老干妈"风味腐乳，彻底地脱离了"辣"，可以说是一项大胆的突破。

陶华碧思考良久，此时调味料的战场上，正是硝烟弥漫之时。"王守义十三香"大胆进行改革，开发了包子饺子调料包、麻辣鲜、炖肉料、炖鸡料、炖鱼料等上百个品种；一直在酱油界独大的海天集团投资了20亿，欲打造"调料品王国",要知道,在此之前,海天只是专注做大酱油。近年来,海天不仅进军了"恒顺醋业"的地盘,进军"太太乐"独大的浓缩鸡汁和鸡精,还闯入了李锦记把控的蚝油品地盘。海天野心勃勃,开始侵入"老干妈"的辣酱地盘,他家的"海天招牌拌饭酱"专门面对学生这个群体,虽然并没给"老干妈"造成多大威胁,可他攻城略地的势头不减,不得不说,这是一个隐藏着的危险。

陶华碧眼看着调味料的战场上硝烟滚滚,她并没有惊慌失措。她知道,动中求静,临危不乱才是一个企业家的风骨。虽然她没有很高的文化,却因为常年生活的折磨和拼搏,给了她面对敌手凌厉进攻的隐忍和看透世情的目光。这目光使她遇到任何事都不会害怕,而是积极思考对策,咬紧牙关,走出一片新天地。

都说女人是生活的弱者,我却从陶华碧身上看到了一个被生活压榨的女人遇强则强的坚韧。现在经常有些媒体称呼事业成功的女性为女强人,殊不知,这个"强"字的背后,有着多少的艰辛和泪水。2015年的世界锦标赛上,郎平作为中国女排的教练,让中国女排打了一个又一个胜仗,在最后一局和东道主日本的比赛中,中国队又一次战胜了日本,拿下了世锦赛的金牌。记者采访郎平的时候,被称作女强人的郎平竟然哽咽了,她说:"做一个强人,要面对各种困难……"

是啊,陶华碧也时常被人称作女强人,她不坚强,就没饭吃。一个单身女人,为了两个儿子的未来辛苦奔忙着,她吃的苦太多了,那些苦水把她浸泡成了女强人。作为一个女人,谁不愿意小鸟依人,生活在安乐窝里?她难道不想吗?可是命运让她的安乐窝坍塌了,从此后,她自己就做了那坍塌房屋的顶梁柱,她不能倒下,她一旦倒下,她的孩子将会失去供养……

陶华碧久经磨难,对商业上的竞争淡定安然,她并不是不想做得更大做得更强,而是她深知,一个企业只有独特,才能在众多的产品里被人牢牢记住。辣酱就是她的"老干妈"最主要的特色,陶华碧必须要考虑全局。

陶华碧还记得,在20世纪90年代,曾有一款碳酸饮料品牌,是国内三大饮料品牌之一。这种饮料的名字叫"汾湟",如今已经淹没在商界滚滚的硝烟里,甚至没有几个人认识它了。辉煌的时候,它曾与非常可乐、健力宝齐名,在市场上拥有不错的份额。进入2000年后,这种饮料忽然衰败了,除了在四川本土几个营销点还能看到它的身影,全国其他地区已经很难看到它的踪影。究其原因,就是因为汾湟的产品品种开发得过大了,甚至可以说汾湟有跨界的趋势。本来汾湟的长项是生产以儿童为消费对象的小食品,例如奶棒、棒棒冰、泡泡糖等,之后它实行产品多元化,进军碳酸饮料市场,并且投入的设备资金等已经大大超过它本身的能力。碳酸市场和儿童食品跨度过大,步子迈得过大了,把汾湟给扯没了。

陶华碧经过几度考虑,决定恰当地进行产品延续,即开发几个新的品牌,来对付调味界激烈的竞争。她并不支持跨界,比如去做房地产什么的,她只是准备在原有风格豆豉的基础上进行一定的产品延续而已。

接着,她的"老干妈干煸肉丝"上市了。又接着,她的"老干妈风味腐乳"上市了。当"老干妈香菇酱"出厂时,众人惊呆了。"老干妈"新出的一系列产品,与其说是调味品,不如说是调味品的拓展——佐餐开胃菜。这些新品种,完全可以在没时间做饭的时候当作菜来吃。陶华碧用她精明的生意头脑,发现调味料的市场趋于饱和,自己的"老干妈"一直作为餐桌的配角存在于一隅,可是随着人们生活品味的提高，单单一款调味品很难满足众人的需求，尤其是忙忙碌碌的白领和中层阶级，他们对"老干妈"的要求，不仅仅是调味的需求，他们更讲究生活质量，希望有一款开胃菜，在不想做饭的时候摆上桌子，成为餐桌的主角。陶华碧根据市场反馈，在原有调味品的基础上开发研制出几种佐餐开胃菜，她想赌一把。

可以这样说，陶华碧赌赢了。她的佐餐系列，因为有风味豆豉的营销打底子，再加上曾经的传统渠道和展示销售路径，取得了很大的成功，也避免了前期的探索成本。

陶华碧进行产品延续，虽然对曾经的产品进行了延伸，可并没有超出原有品牌的特色，开胃菜也好，调味品也好，都是可以互通的，实际上，很多人食用"老干妈"时，也是各人有各人的习惯。比如有的人就用它做菜做汤，有的人就用它拌饭，有人就用它当菜吃，所以，陶华碧把"老干妈"调味品过渡到佐餐开胃菜，其原因也很明晰：第一，因为调味品的市场竞争越来越激烈；第二，开胃菜既有调味品的特点，也有佐餐开胃的特色。而调味品的名字听起来就有点单调些。

开胃菜是从辣椒酱研发出来的，所以说开胃菜是辣酱的"干儿子"，毫不为过。

吃饭拿出来，饭后拿下去

民以食为天。每一道食品的开发，都凝聚着劳动人民几千年的智慧，尤其是华夏大地上女人们的智慧。尽管现代化的社会，让女人担负了各类社会职责，可是回到厨房，回到锅碗瓢盆、柴米油盐酱醋茶的王国，依然是女人的地盘。不要说个别的男人也会做饭做汤，那些围着围裙在厨房里忙活的丈夫，背后肯定有一个对口味无比挑剔的妻子。因为爱人忙事业没时间做饭，男人只好委屈自己，亲手为爱妻调羹弄汤，他对食材的把握和调控如此的精准，可依然会得到爱妻的几句娇嗔的埋怨：你这菜里花椒放多了，辣椒也多了，咸得厉害，你会不会做饭啊！

此时只有苦劳没有功劳的男子会委屈地把炒勺一扔：我不做了，这么麻烦，你自己做。

这大概是每个家庭都会出现的场景。工作加班，学习深造，接孩子送孩子，为邻里街坊帮点小忙，回到家已经天黑，吃点什么，成了你最大的问题。

此时，你看到了"老干妈"牌辣子鸡风味辣酱，还用得着做饭吗？电饭锅一会儿就把米饭蒸熟了，配上香辣可口的辣子鸡辣酱，这顿饭就解决了。

如上所述，当爱人埋怨你做的饭不好吃时，有一瓶开胃神器马上就帮了你的忙，那就是"老干妈"新推出的佐餐开胃菜系列。"吃饭拿上桌，饭后拿回去"，成了佐餐开胃菜的流行方式。方便、快捷，是佐餐菜的显著特色。

在最初推出佐餐系列时，也有人劝过陶华碧，毕竟"老干妈"是以调味品推向市场的，调味品的作用就跟酱油、醋、食盐一样，作用是增加食物的味道。

可是随着市场的扩大,尤其是有一些消费者赞不绝口的反馈:"老干妈"可以拌饭吃,不炒菜的时候,可以下饭吃。

牛顿看到苹果落地,发现了万有引力。智者总是会在一些细节中,得到平常人发现不了的商机。陶华碧心想,既然大家都用我的"老干妈"下饭,我何不就势利导,让他们在寡淡的米饭里添加一些肉末、鸡丁、香菇酱?这样一来,消费者对"老干妈"唯一的遗憾"只可调味,不能当菜吃"就迎刃而解了。

于是,陶华碧经过数千次的实验、品尝,终于研制出"老干妈"的延续产品。陶华碧把它们定位为"佐餐开胃菜"。既然是菜了,就得实惠一些,里面要见到货真价实的东西,这样消费者才会认可,"老干妈"才对得起"实惠"二字。

自从牛肉末风格辣酱、辣子鸡风味香辣酱、风味红油腐乳、干煸肉丝油辣椒上市后,"老干妈"的名声简直越演越烈,可以说这些产品的上市不啻于引发了调味品的地震,消费者简直要膜拜"老干妈"了。因为这些开胃菜的出现,解决了大部分人没时间做菜的问题,在时间就是金钱的现代化社会,有了这种介于炒菜和调味品之间的菜品,可谓是让人眼前一亮。

而后,其他一些厂家也看到了佐餐开胃菜的商机,市场上出现了"饭扫光""饭遭殃""下饭菜"等佐餐型的复合调味品,陶华碧的成功带动了整个调味品市场的一场大改革。

吃腻了煎炒烹炸的大鱼大肉,吃烦了慢火砂锅的炖骨头炖肉,吃多了小锅小炒的各种炒菜,此时,最开胃的莫过于一款佐餐小菜的清新和快捷了。在寒冷的夜里,一锅小米粥,一个馒头,再有一瓶"老干妈"的干煸肉丝香辣酱,既清淡爽口,又回味悠长。这次第,怎一个爽字了得?

"吃饭拿出来，饭后拿回去。"一个商人，尤其是一个做餐饮的商人，他除了有精准的眼光，他还需要是一个美食家，还需要是一个会调料做菜的厨师。陶华碧自小生活在十几口人的家庭里，兰心蕙质的她，从小就会在厨房里调剂各类美味，当她成为知名企业家，她也没有养成饭来张口、衣来伸手的习惯，她保持着一个女人对厨房天生的热爱，她开发的"老干妈干煸肉丝油辣椒"，能让人吃到一粒一粒的香香的肉丝；"老干妈香菇酱"能让人吃到入口滑溜又筋道的香菇；"辣子鸡风味香辣酱"能让人吃到鲜美的鸡肉……不需要美食大餐，也不需要豪华盛宴，只需要在家里就能享用到鸡肉、牛肉、香菇……味道比之于五星级饭店的酒菜绝不差。

商机不是凭空而降的，商机是随着人们对快捷方便的需要而生的。有人把"老干妈"系列产品称之为"懒人食谱"，就形象说明了这一款佐餐菜的主要功能。"老干妈"的产品，属于"懒人"吃的，是给没时间做饭的人吃的。实质上，现代社会的人们与其说是变懒了，不如说是对"快"的追求让人们不喜欢做饭了。"快"已经融进了我们的生活，最初我们用台式电脑上网，和亲人朋友交流，就觉得非常方便快捷了，后来有了液晶显示器的电脑，有了笔记本，有了平板电脑，有了智能手机。这些产品的更新换代，无不是以"速度更快"为准则的。

如今是方便快捷的时代，躺在床上就可以在手机上浏览各地风光，还可以用微信打电话，不用花一分钱电话费。时代的进步，无不是以"快"代替"慢"来前进的。

康师傅方便面之所以久盛不衰，即是当今人们对"快捷食品"的需求旺盛。可以说，陶华碧正是看准了快捷食品的潮流，而如何做一款既美味又方便的菜肴并将其推向市场，是陶华碧一直考虑的问题。

"老干妈"佐餐开胃菜的问世，标志着懒人食谱又多了一个选择，带有"肉丁"或"鸡丁、香菇丁"的香辣酱，更新了以往佐餐开胃菜的单一和清淡，它里面的油和肉极大地满足了人们的食欲，即使住陋舍，一日三餐只能吃白粥窝头，衣食寒微，依然可以拥有华庭盛宴的优待。

如今，各地快餐业的兴起使得人们越来越不想进厨房，陶华碧虽然是一个不识字的商人，但她却是具有现代思维的企业家，并敏锐地观察到现代人在饮食节奏上的变化。

一个人的成功不是偶然的，她多年的经商经验给了她一双慧眼，新产品的开发并没有失去原来的客户，因为"老干妈"系列产品和"老干妈"最初的风味豆豉具有连续性，并不属于跨界，而是一种产品的延伸。方便大众，是此类产品成功的关键。

"老干妈"的佐餐系列，让懒人不再为一日三餐发愁，它的问世，不火都难。举世闻名的"涪陵榨菜"曾具有悠久的历史，还在1970年时，就已经和德国的甜酸甘蓝、欧洲酸黄瓜并称为世界三大名腌菜。而涪陵榨菜的总经理也宣布，公司在未来5～10年里将做大涪陵榨菜，以佐餐开胃菜为主打，把企业做大、做强。看来，在对付懒人的舌尖上，各家企业各出高招，相信商业上的又一场厮杀将会来临。

发明要向发现致敬

世间一切都有因果，一切也都有定术。陶华碧的"老干妈"创业于20世纪90年代，一个平凡的女人，用开实惠饭店和经营商铺的积蓄，开了一个只有40个工人的辣酱作坊。彼时，她的工厂刚刚投入正式运营，几乎没有借款和赊欠，可是由于资金都买了设备和原材料，所有积蓄做了工厂的成本后，她也没有多少钱了，她只是凭着自己一股热情，为了工厂的命运奔忙着。她做梦都想不到，今天会成为世界级别的企业，她手下的工人能从40个发展到5000多个，陶华碧的成功有着其必然性，也有着其偶然性。其中最重要的莫过于她能够发现商机。她把一瓶小小的辣酱卖到了全国各地。那印贴着她头像的瓶子，最终出现在国外友人的厨房里、餐桌上。

陶华碧具有的商机智慧并不复杂，就是一瓶辣酱。彼时，她的产品还没今天这样品种多多，当时只是以风味豆豉和油辣椒为主。在贵州当地，由于气候的原因，几乎家家都种辣椒，家家户户都有吃辣椒的习俗。一般的贵州人家里，基本都有四种辣椒制品。第一种是辣椒粉，专门为配荤菜鱼类配蘸水的；第二种是油辣椒，配米粉、冷面用的；第三种是泡菜类型的糟辣椒，剁得碎碎的，专门炒菜、炒饭用的；第四种是干红辣椒，炒菜时下锅煸炒。

由此看出，贵州真是一个离不开辣的嗜辣大省。陶华碧从小生活在辣味氛围如此之深的贵州，耳濡目染，更是对辣椒的运用了如指掌。但是一个产业的发现和发明并不是一蹴而就的，在做辣酱之前，她做过很多其他职业，初看她的一系列就业和开辣酱工厂没有什么联系。可是，世间一切都有因果的，连锁反应下的一切人生，都是从一件微乎其微的小事逐渐发展的。

20世纪70年代，美国一个气象学家说，美国得克萨斯州的一场龙卷风，很有可能就是两周前亚马逊的一只蝴蝶偶然振动翅膀造成的。这就是著名的蝴蝶效应。

陶华碧的聪慧之处，就是她能够在家家户户嗜辣、做辣酱的氛围下，发现了这个商机。有句话说，温水煮青蛙，就是讲的环境对一个人非常重要。有的人在环境中沉迷了，就如温水里的青蛙，沉迷于眼前的环境中，不懂得找出路。而陶华碧却在贫困的环境里，找到了致富的良方。

在开冷面店的经历中，她看到了自己做的辣酱有人喜爱，可是当时她并没有把"辣酱"当成一种生意，她的心思主要还是在"实惠饭店"的经营上。后来，她发现自己免费赠送的辣酱成了其他饭店顾客盈门的法宝，这才幡然醒悟，自己的强项在于制辣酱。于是她经营了一家风味食品店，专门卖自己做的辣酱和辣椒油。在经营食品店的过程中，她又一次发现了商机，因为她做的辣酱几乎卖不过来，生意好得出奇。最终，她做了一个英明的决定，拿出了所有积蓄开办工厂，招聘了40个工人，发展成今天拥有5000个工人的现代化企业。这漫长的创业史，就是一个从"懵懂"到"发现"的过程，最终的结果，都是从最初免费赠送辣酱开始的。

在陶华碧创业的历程中，我们不难发现，她的创业规律从无到有、从懵懂到发现的线索为：幼年家贫，学会用辣椒做各种美食→爱人去世，摆摊卖菜，从而有了经商的思想→开实惠饭店，发现辣酱比冷面更受欢迎→开风味食品店，供不应求→1996年，招聘工人，建"老干妈"麻辣酱工厂，批量生产→1997年，开"老干妈"风味食品有限公司，大规模生产辣酱。

可以说，陶华碧发现辣酱商机的那个年代，在复合调味品的市场上，竞争已经非常激烈了。当时的复合调味品主要分为：

第一种为强化功能性调味品。这一类产品以强化类型的产品为主。如加锌、加碘、加铁、加钙的复合营养盐、铁强化酱油等；第二种主要为配合特色菜设计的调味品，例如太太乐鸡精、火锅底料、炸鸡调料、海天老抽等，这类复合品主要走餐饮渠道；第三种是利用各种调味原料深加工或提取的调味品。例如大蒜精、醋精、花椒精油、姜精油、肉类香精等；第四种以健康为宗旨的调味品。如保健醋、调体醋，利用黑米、黑豆、薏米等生产出的含各种维生素等不同营养成分的调味品等；第五种为方便即食型调味品。最初的即食型调味品代表为"阿香婆"风味辣酱，后来被陶华碧的"老干妈"迎风赶上。不过，"老干妈"在最初面世的时候，名气还远远不如"阿香婆"。

可以说，在陶华碧发现辣酱商机之时，复合型调味品之间的竞争已经风起云涌，尤其是前面四类调味品，以太太乐鸡精、小肥羊火锅调料、海天酱油等为代表，在各自的领域各起风骚。而"阿香婆"为代表的即食型调味品刚刚冒出头，相比其他四类，竞争显得不是那么激烈。当时的商家，由于消费者的饮食习惯还是有点固化，食用"即食型调味品"远不如当今显著，陶华碧的选择在当初也是具有一定风险的，好在陶华碧一向本着有多大本事就做多大事的原则，她不借贷、不融资，尽量做到零库存。她的这一坚守，即使在"老干妈"销量达到日均200万瓶的时候依然如此。做事不过夜，是她的性格也是她的风格。所以，她的经济压力并不大。在这种经销模式下，"老干妈"在很短的时间内就打败了阿香婆，成为辣酱界的老大。

1873年9月，加州区域出现大旱，一股股热浪袭击了当地的居民，尤其是当地盛产的葡萄遭了殃。果农还没来得及摘下地里所产的葡萄，这股热浪就把这些葡萄烤干了。无奈之下，有的果农听之任之，觉得今年收成无望了，只有一个果农摘下这些失去水分的葡萄，打算卖给旧金山的食品商人。

旧金山的食品商人当时并不想收购这些"干"了的葡萄卖，果农尽力说服商人，说这些葡萄干自己吃过，非常好吃。食品商人就抱着试试看的想法，把这些葡萄干堆在食品店的货架上。谁知顾客买了这些失去水分的葡萄后，又来纷纷购买，人们蜂拥而至。接着，食品商马上联系那个果农，要他把所有晒干的葡萄都运来。那个果农灵机一动，把邻居的葡萄干都收购了，又加价卖给了食品商，由此大大地发了一笔财。从此以后，葡萄干作为一种商品才被人认可，加州也因此成为葡萄干的重要产地。

发现比发明更重要，这一点，毋庸置疑。陶华碧的成功不是发明而是发现，当地用辣椒调配佐餐的习俗早已存在，只有陶华碧从当地的这一佐餐习惯里发现了商机，就像加州的葡萄干晾在葡萄架上，只有一个果农发现一样。能发现商机，比发明更需要智慧。

香浓，油多，鲜明的商品特色

某科研机构在一次市场调研中发现，消费者认为吃调味品的好处主要表现在以下方面：

提味 (69.0%)，方便、省事 (24.8%)，营养 (18.6%)，增加食欲 (17.7%)。

由此可见，一个调味品要得到市场，占据消费者的主要消费观念，并且保证其产品源源不断地受到消费者的喜爱，有三个主要特点是不可缺少的。第一，要能提味，增加消费者的食欲；第二，要吃起来方便，开盖即食，撕袋即食，不需要消费者进行加工；第三，要有营养。如果一个调味品能够把这三点牢牢抓住，并且以形状化的手法表现出来，定会受到消费者的欢迎，而厂家也会因此受惠，得到长久的发展。

由上述可以看出，一个调味品得到市场，"提味"是最重要的一个环节，占据受欢迎程度的69%。事实也是如此，在市场份额中，几乎所有卖得好的产品，都有着鲜明的个性特色，不管是香菇酱，还是干煸肉丝辣酱，都有着提味这一重要功能。"老干妈"之所以连续数十年得到市场的肯定，更是将"提味"作为自己的首要条件。

众所周知，"老干妈"是辣酱，所以，它的"辣"是必须带有的特色，这个毋庸置疑。这款辣酱与众不同的地方在于，它的"辣"有着一股浓浓的香气，那种浸泡着油的香气，是"老干妈"独有的特色，这一点据说是陶华碧在家乡前辈人的经验上，又加上了自己的特有创造，用了家乡大山里一种中药材研制而成。

不知道陶华碧那一头的白发是不是就是在研制这独特香味的时候长出来的。她知道，要想出类拔萃，做到口味的醇正和优雅细腻，必须要青出于蓝而胜于蓝。贵州作为嗜辣之省，辣的口感香味已经淫浸了数百年，怎样在氛围如此之广的嗜辣如命、家家户户都会做几样辣酱的贵州出人头地，必须要有一手绝活。商机被她发现了，可是，产品必须要与众不同，这样，企业的生命力才会长久。

陶华碧经过上百次的实验，终于总结出，辣椒酱如果单以"辣"为口碑，马上就会被其他以"辣"为主的厂家挤出市场，必须要味道"香"，味道香的一个条件就是得油多。

为了保证消费者吃了"老干妈"后，余香满口，回味悠长，陶华碧就打算多放油，用纯正的当地出产的菜籽油炸辣椒，让消费者得到实实在在的实惠。

如果一个人从小奸巧圆滑，处处想占便宜，那他长大后，不论做什么，都是一个被人不齿的角色。这种人最初接触时别人可能会被他的八面玲珑所打动，时间长了，就没人愿意和这种人交朋友了。陶华碧自称脾气并不太好，可是，她是一个心肠好的人，从她开实惠饭店的时候起，就以"实惠"打动人，从不做坑蒙拐骗的事。到了她做企业，这种性格更是让她的产品走上了十几亿人的餐桌，原因最主要的就是她做的辣酱实惠。这实惠是能瞅在眼里的，豆豉就像浸泡在油汪汪的油里，七八元钱的商品，能用这么多的油，而且是真正的菜籽油，这种实惠，是摆在眼前、吃在口里的。买辣酱这钱，消费者觉得掏着值。

虽然说，湘系和贵系都是嗜辣之省，可是细分两者对辣的要求是不同的。湘系主要是以剁椒为主，生产过程中不能有一点油。其主要工艺为：辣椒选用鲜红或者鲜青小尖椒，将选好的辣椒洗净，然后切碎，一边切一边放入盐，然后把剁好的辣椒装入封闭的容器里，坛子盖好，上面浇白酒适量，洒入适量盐，第二天就能吃了，不过要吃出口感，最好保存一个月再吃，可以让辣椒慢慢发酵，有一股特殊的风味。

贵系的辣椒工艺，以油辣椒为主。油辣椒的一般生产工艺为：一个大口碗里放桂皮、白芝麻、八角等香料，把烧热的油倒入放了香料的大口碗里，等油七成热时，捞出香料，用一个小勺子把辣椒面一勺一勺地挖进碗里，并且另一只手拿勺子不停地搅动。过一会儿，辣椒油的香味就出来了。

不管湘系的剁椒还是贵系的油辣椒，都是为了在辣里面提升辣椒的香味，可是为什么湖南没有出现类似于"老干妈"的品牌剁椒名扬全国呢？为什么只有陶华碧的油辣椒能够风靡世界，湖南的剁椒相对就逊色呢？

原因就在于，油与辣的结合克服了所有地区人们口味的需求差异。湖南以南，接近广西一带的辣，喜欢酸辣，四川不用说，是麻辣的故乡，湖南的剁椒，也有着酸辣的特征，但这些辣，都不如油辣更有适应性。尤其是不太吃辣的北方，过了油的辣椒，在热油烹制的过程中，不再那么辣了，反而有了香味。这样一来，不太喜欢辣的北方人，迅速接受了这种微辣口味，而酸辣、麻辣比起过了油的辣，就显得小众一些，影响了推广。

陶华碧生活在地理位置独特的贵州，由于当地交通不便，贵州相比于其他省市，一直比较贫穷。而陶华碧作为一个失去爱人的女人，生活的窘迫更为艰难。陶华碧采用当地独特的资源制作的辣酱口味香醇，延绵悠长。也只有在那样没有出路的情况下，她踏出了一条路，尽管这条路她走得双脚踏出了血痕，可是，她终于走了出来，她的路途也因此越来越宽广。

随着陶华碧的油辣椒占据市场大份额，其他辣酱产业也不甘落后，纷纷上马，"老干爹""辣妹子"紧跟"老干妈"油多香浓的特点，准备在市场上分一杯羹。事实上，虽然这些厂家也得到了一些利润，可是由于"老干妈"通过了多年的市场积累，已经成为消费者首选的辣酱，牢牢占据着"十元价格带"辣酱的主导地位，它的领导地位难以撼动。

领导者是勇敢的，跟随者是明智的。虽然"老干爹""辣妹子"等辣酱做出了一定的销售额，它们并没有做出创新，所以只能分一杯羹，却不能形成自己的品牌地位，而"仲景"香菇酱、"欣和"葱伴侣以及"利民"蒜蓉酱、海天推出的各类拌饭酱，由于这些酱的优势并不是以"香浓，油多"做主导，所以在消费者心中不能称之为"辣酱"了。

为了和"老干妈"抗衡，2013年中潮英椒公司另辟蹊径，准备与"老干妈"的"香浓，油多"辣酱彻底划清界限。他们做出一种截然不同的酱，即英潮鲜椒酱，据称这种酱用特制的小锅熬制，拒绝油炸，慢慢熬出不一样的辣酱味儿。据悉，英潮花了700万，大力推出这种"不油腻，健康"特色的辣酱。英潮鲜椒酱能不能成为第二个"老干妈"，我们只有拭目以待。

调味品的门槛并不高，能否一枝独秀，能否迅速占领市场，还得看前面提到的三个方面。即：提味、方便、营养。而这三个方面中最主要的，还是提味。要在产品的附加值上下功夫，提供激发消费者兴趣的口味，能够起到"润物细无声"的口碑效果，既是战胜敌手最主要的手段，也是釜底抽薪的最快捷的技巧。

不得不说，"老干妈"独特的"香浓，油多"成为它的招牌卖点，人们买它就是喜欢它的辣椒和油结合的"香"，无独有偶，辣和油的结合能够创造出独有的美味，并不单单是"老干妈"独有，陕西有名的"辣子疙瘩""油泼辣子"都是油和辣相结合做出的美味，也早已闻名遐迩。

第五章

"老干妈"管理企业，
　　并不婆婆妈妈

世界上最难相处的，是人和人之间的关系。能抓好企业的管理，就是一个好的领导。

狼行千里吃肉，马行千里吃草。心理专家说过，人类有 70% 的潜能是沉睡的，能不能把员工的潜能激发出来，就看领导的魅力了。如果在这个过程中，你感到此时的自己很辛苦，告诉自己：容易走的都是下坡路，坚持住，因为你正在走上坡路！

最优的企业文化：低调，忠诚，勤勉

寒来暑往，岁月更迭。陶华碧率领的"老干妈"，一步一个脚印，走出了自己的一条路。这条路不同于其他人的地方在于，陶华碧是一个没有任何政治后台的农家女子，她的"老干妈"品牌却走向了全世界。她做到了其他有背景、有雄厚资金、有文化的人做不到的事。陶华碧作为一个不喜欢和官场以及媒体打交道的女人，不愿意应酬官场的你来我往，她低调得甚至极少接受媒体的采访。

多年来，她绕过了好多记者的"围追劫堵"。在其他企业家都争先恐后希望媒体曝光自己，打打免费广告之时，陶华碧却一再地躲避媒体。经过岁月的沉淀，她已经不是刚刚出道时候的陶华碧。彼时她稍显拘谨，有一点点内向和不擅长交流，到了如今，即使参加两会，她也敢于在公众面前慷慨陈词，滔滔不绝地陈述自己的观点。

私下里，陶华碧一直保持着低调的作风。据一位曾经参加过两会的媒体人介绍，两会期间，一帮记者在人民大会堂围住了陶华碧要采访她。陶华碧从来没有觉得自己是个名人，她可不想自己像个影星一样被记者围着，还要回答这些记者的提问。于是她好不容易从记者堆里跑掉，又远远看到一群记者来拍她，于是赶紧走了另一个街道并躲避起来。可是当她避开记者后，忽然发现自己迷路了，北京可不像家乡的路，走多少里也认得。费了好大劲儿助理才和陶华碧联系上，才得以找到正在一条陌生的路口徘徊的陶华碧。此事发生不久，一个聪明的记者另出奇招，他比较心细，看到陶华碧不接受采访，索性在一家医院门口堵截到了陶华碧。因为陶华碧有陈年积累的颈椎病，在两会期间也得去诊治，否则一宿疼得睡不着觉。所以这名记者得以在医院采访到了陶华碧。

一瓶辣酱不起眼，可是它却支撑着陶华碧从乡镇走向了北京人民大会堂，走向了世界级别的财富榜。而关于"老干妈"的管理团队，更是给人留下了谜团。陶华碧给"老干妈"团队布下命令，决不能接受媒体采访，不能到处喧哗自己的企业如何出众，她的这一规定就如她的为人，低调得不喜欢被人关注。如果你说她就是一个农民思维也罢了，可是为何她的农民思维却能够领导一个5000人的大公司呢？她领导的管理团队上下一条心，从来没有出过内讧丑闻，媒体上也没有任何不利于"老干妈"的负面报道。与其说陶华碧在领导一个企业，不如说她在用自己的个人魅力影响着"老干妈"，而外界对"老干妈"的评价也出奇的一致：低调、忠诚、勤勉。

一个品牌企业需要一种企业文化，企业文化的核心，在于企业有一个统一全体职工思想的灵魂人物。这个人物必须是企业的掌门人，只有掌门人才能够让职工一心一意地贯彻执行每一份文件的主旨。从陶华碧最初办厂、启用自己的大儿子当风味食品公司的总经理开始，到如今大胆启用并不沾亲带故的外来人才谢邦银做总经理，陶华碧一直作为企业的灵魂人物，掌管着全局。不任人唯亲，也不排斥外人，这是她办厂的宗旨，谁能够把"老干妈"经营得更好更完美，谁就是她首先要的经理人。记者曾经询问过她对家族企业的看法，陶华碧洒脱地答道："谈到家族企业，外界不看好，我不那样看，没有家族企业，企业是赚不到的。不是一家人，就容易各是各的心，要同一条心，才能企业做大，才有和谐办厂。西方国家一样有很多家族企业，包括香港的李嘉诚也是家族企业。家族企业并不是不要现代化企业管理的机制，家族企业同样要融入现代化企业的管理制度。历来的传统都是这样子，成功的企业往往都是家族企业。"

陶华碧并不回避家族企业的优势，她也曾经把自己的两个儿子委以重任，但是她也能够大刀阔斧，雷厉风行，让大儿子离开总经理的座位。实际上，每个企业都需要这样一个办事果断的人物，一个公司灵魂的人物。如果职权不够统一，四分五裂，鱼走鱼路，虾走虾路，迟早有一天企业会走向毁灭。陶华碧用她强有力的人格魅力保证了"老干妈"企业的完整性，而"老干妈"也因了她的低调、勤勉作风，很好地传达了企业的低调、勤勉、忠诚理念。

让我们把视线回到陶华碧建厂初期。彼时，她只是一个名不见经传的小人物。刚刚建成的"老干妈麻辣酱"缺少装辣酱的瓶子，她找到贵阳市第二玻璃厂，但当时年产1.8万吨的贵阳市第二玻璃厂根本不愿意搭理这个要货量少得可怜的小客户，拒绝了为她的作坊定制玻璃瓶的请求。

面对该厂厂长，陶华碧开始了她的第一次"商业谈判"："哪个娃儿是一生下来就一大个哦，都是慢慢长大的嘛，今天你要不给我瓶子，我就不走了。"

软磨硬泡了几个小时后，双方达成了如下协议：玻璃厂允许她每次用提篮到厂里捡几十个瓶子拎回去用，其余免谈。陶华碧满意而归。

当时谁也没有料到,就是当初这份"协议",日后成为贵阳第二玻璃厂能在国企倒闭狂潮中屹立不倒,甚至能发展壮大的唯一原因。

"老干妈"的生产规模爆炸式膨胀后,合作企业中不乏重庆、郑州等地的大型企业,第二玻璃厂与这些企业相比,并无成本和质量优势,但陶华碧从来没有削减过贵阳玻璃厂的供货份额。现在"老干妈"60%产品的玻璃瓶都由贵阳第二玻璃厂生产,该厂的4条生产线,有3条都是为"老干妈"24小时开动。

没有一个强者最初就能成为强者的。她也有过脆弱、流泪的时候,当她走投无路的时候,正是凭着勤勉苦干的作风赢得了市场。如果当初因为没有厂家供应瓶子,换了其他人可能就会觉得这个辣酱是不可能出厂的,可是陶华碧作为公司的老板,没有端任何架子,她挎着篮子去第二玻璃厂捡瓶子。如果每一个老板都这样低调,那他的企业不可能不成功。

无印良品是日本的一个杂货品牌,在本世纪初曾经有过亏损38亿日元的记录,当时谁都不再看好无印良品,以为它即将垮台。松井先生临危授命,他选择了一条从"企业制度与文化"入手,并以此为支点,撬动了整个生意大营,在第二年就转亏为盈,以后更是如日中天,远销国外,在我国也颇有知名度。

松井先生对无印良品的认识定位为:它不属于流行,尽量还原产品的本质,提倡环保观念。不进行任何广告宣传,低调的作风附加在了产品上,"平实,低调,勤勉"成为松井先生经营企业的宗旨。他的改革在无形中提升了产品的文化层次,国际著名的财经杂志《福布斯》也曾经将它评为全球最佳中型企业。

任何产品的畅销,企业的兴盛,其背后最主要的原因是搞定人。搞定人,才能搞定一个企业，而搞定人的关键是有一个好的企业文化。如果一个企业拥有低调的作风，拥有勤勉的员工，拥有忠诚的管理人才，那么它的兴盛指日可待。

不能偷懒，人性禁不住考验

作为"老干妈"的掌门人，陶华碧很少像其他的企业董事长一样，动不动就开全厂职工大会，动不动就训斥底下的员工。她有着一个成熟企业家的领导风范，接触过她的人，都说她是个大气温和的女子，不斤斤计较，但是遇事一定坚持原则，小到工厂车间、厨房卫生的细致到位，大到企业的未来走向，陶华碧都规定了现实可行的规章制度。她的制度就跟她的为人一样，不啰嗦、不空洞，尤其是规定了车间工人的工作制度，一条"不能偷懒"就概括了所有。

陶华碧是一个实实在在的人，她没有九曲回肠般的弯弯肠子，她为人清爽利落，做商业不赊欠、不贷款，就连她给工人们制定的规章制度都少得可怜，一条"不能偷懒"说明一切。就在这么一条简单的制度下，员工们竟然规规矩矩，从没有出现过让陶华碧伤脑筋的事情。要说员工为何这么听话，叫他们不能偷懒，就真的不偷懒了？其原因有二。

第一，陶华碧的制度"不能偷懒"并不是纸上谈兵，它有一定的奖罚制度。"老干妈"一天要生产两万瓶辣酱，有若干条生产线。几千个工人在这几道流水线上工作，一旦哪个职工消极怠工，就会影响整个流水线生产的完成。所以，规章制度就显示了它的重要性。陶华碧规定，如果一条流水线完成的质量好，数量超额，会有一定的奖励。奖励直接和工资挂钩，也就是所谓的绩效工资。

在制作辣酱的流水线上，其中有一道工序为"装瓶"，在这道工序中，一个工人一天要装几千瓶辣酱。而从事"老干妈"工作的大部分都是附近的年轻男女，年轻人正是爱玩爱闹的年龄，流水线上一边干活一边说说笑笑也罢了，一旦一瓶不合格，就会给下一道工序增加负担。所以，不能不是简单的教条，它有着严格的执行能力。

第二，陶华碧规定的"不能偷懒"，有简单便捷的实行能力。例如流水线的工作，来不得半点马虎大意，每个工人必须高度集中精神，才能保证流水线的顺利生产。一旦偷懒，就会发生手脚忙乱的现象，所以，务必要勤快，才能有条不紊。陶华碧深谙"流水线"这样一种工作形式附带的必要性。"不能偷懒"就是告诉这些员工们，偷懒了你会更忙。

陶华碧作为企业领导人，从来不做考验人性的事情。她直接规定不能偷懒，而不是等你偷懒了再开除你。一个企业在开业之初，一定要事先盘算好需要规避哪些事件发生，做到防患于未然，而不要等到事件发生了再去做出规避，那时候恐怕为时已晚。

对于一个企业，人性的拷问无非就是偷懒和不偷懒的关系。关于这一论调，可以追溯到国外的专家阿尔曼·艾尔钦和哈罗德·德姆塞茨，他俩合著了一部关于偷懒的薪酬管理的书《生产、信息成本和经济组织》，这本书从对团队成员生产率的评估和薪水问题入手，引出了闲暇成本、偷懒行为、领导者和剩余索取权等重要概念，对于人们理解企业存在的原因和组织形式提供了新的视角。

第五章 "老干妈"管理企业,并不婆婆妈妈

该书认为,"闲暇成本"指员工偷懒的机会成本,在数量上它等于员工在"偷懒"和"努力工作"两种状态下所得的报酬之差。其中,偷懒行为直接影响了"闲暇成本",这一论据为偷懒行为提供了数字依据。

在一个大型工厂中,工人和企业的关系是互相合作的关系。如果这个关系很让人不解,不能给工人合理的心理预期,报酬和生产率只有松散的关系,劳动生产率将会很低;如果报酬与职工的生产活动没有必然联系,企业就不会为发展提供任何激励;如果所得报酬与生产率负相关,这个企业就不会长久。

因为企业的生产属于团队式运营,生产函数无法分离为单个生产者的函数之和,即 $Z=f(x,y)$ 不能分解为 $Z=g(x)+h(y)$,因此不能确定单个企业成员的单个贡献是多少。这导致每一成员的努力或偷懒具有貌似不合拍的"不经济性";一个人的个人效益函数包括闲暇时间和工资两个变量。"不经济性"使得闲暇的私人工资成本、社会成本增长,而努力的个人工资、企业收益,导致"偷懒"这一行为的替代率上升,所以,追求每个人贡献最大化的企业团队将会更多地消费闲暇,即杜绝"偷懒"。闲暇成本更是一种机会成本。

一个企业如果能够做到让每一个员工的效用最大化,那么它的团队成员将更多地消费闲暇,即"偷懒"很少出现。企业支付效率工资时,闲暇成本越高,工人对"闲暇"的需求量就越少,劳动生产率也就越高。"闲暇成本"也相当好地解释了为什么在存在大量失业的情况下,在职的工人倾向于接受更低的工资和努力工作,因为他真正工作的时间可能为零,他到了工厂就是休闲或者娱乐,闲暇成本是如此之高,这种情况也是20世纪末很多国企倒

闭的直接原因。

　　陶华碧的"老干妈"团队，正是深刻理解了人性中的"懒惰"这一危害对于一个企业的重要性。她认为，对于一个喜欢偷懒的工人来说，他面临着两种形式的闲暇成本：假如他没有因偷懒行为被发现而遭到解雇，则他的偷懒成本就会附加在产品上，平均化了努力工作的人的收益，造成个人收益的不公平；如果他遭到了解雇或者惩罚，偷懒成本就是努力工作人员的收入与解雇后在别的企业可能得到的收入（也可能是赋闲）之差。在过去没有进行市场开放时，即计划经济时期，人们工资普遍不高，大锅饭盛行，企业在平均主义的管理下接连失败，那时候的企业文化比较单一，即思想教育抓得紧，即便如此，企业里一有闲暇，女工们织毛衣的织毛衣，男工们打扑克聊闲天，这种现象司空见惯。直到改革后，部分企业实行工资和劳动效益挂钩，资格老的如果不好好工作，工资就会低于年轻人，这样的环境下，企业有了进步，工厂才重现生机勃勃的局面。

　　人性是经不起考验的。因为人也是动物之一，只不过人类是高级动物。《少年派之奇幻漂流》中的派，本是一个善良懦弱的孩子，恶劣的环境激发了他本性的恶，连接发生恶性吃人事件，这部影片反映的真相让人不敢窥破。一个企业，如果不规定一定的制度，只用思想教育工人，听之任之考验人性，多数考验的是人之本性恶，当企业用放任的态度管理工人的时候，所谓的考验已经启动，该企业已经出局。

　　对于一个企业来说，要洞悉人性的规律，一定要掌握主动权，时刻激发人性中的善，而不要主动去激发人性中的恶，因为，任是谁也经不住考验。

有情有爱,"老干妈"的人脉杠杠的

一个女人从弱不禁风的青春少女,成长为波澜不惊、成熟干练的女企业家,心坎上务必有着岁月的褶皱以及风霜的回响。陶华碧最初作为一个丧夫的女子,彼时她还年轻,眼角依然有着清亮的神韵,实际上,她并不高大健壮,是生活一步步让她高大起来,是那些不得不隐忍的泪水让她坚强起来。就是这样一个饱受风霜的女子,带领一个5000多人的团队,竟然使得这几千人,每一个都对她尊敬有加,服服帖帖。人们敬重"老干妈",喜欢她的温和大气的范儿,喜欢她平易近人、待人不端老板的威风。事实上,在职场中我们也经常遇见,越是官位在上的领导越是和蔼可亲,越是当着小官的主管小经理,越是颐指气使。

作为一个在底层奋斗多年的女人,陶华碧在成为"老干妈"董事长的那天起,就没有把自己当成一个"官",她吃住都在工厂,即使有了车牌号为A8888的豪车,依然很少坐,她依然习惯性地出门坐公交,吃饭也很简单,粗茶淡饭即可。她说过,一天听不到车间辣酱瓶子的声音,就觉得一天好像没有过踏实。她管理方式比较简单,除了有赏罚分明的奖励制度,对员工体恤关怀,就跟一个母亲一样,她能叫得出全厂几乎所有人的姓名,小到门口保安、流水线工人,大到各个管理层的经理、大经销商,她都能一眼就叫得上对方的姓名,岁月虽然染白了她的头发,时光却没有改变她最初的心。她就像当年开实惠饭店的时候,体恤那些吃不上饭的穷学生一样,她对待每一个员工都是关心备至,她虽然登上了胡润全球富豪榜,可是她并没有高人一等,她依然会和周围的邻居老太太打很小的麻将,私下里,她和员工们谈心、诉家常,谁家有了烦心事,她总是循循善诱。她会定期到职工宿舍，和这些人谈谈心，虽然在两会上她作风硬朗，对假货痛恨疾首，慷慨陈词，可是，在职工宿舍，她和蔼可亲，善解人意。她会细心问这些工人有什么要求，是不是家庭困难，工作压力大不大，她还记住了好多人的生日，甚至每个员工结婚，她都亲自去参加婚礼，并送上红包，还当他们的证婚人。

陶华碧不会用洋办法管理职工，她就是贫民出身，她把职工当亲人，职工也把她当"干妈"。他们每个人过生日，都会收到陶华碧的礼物和一碗带荷包蛋的长寿面，有时候职工出差，她像送儿女一样，给他们煮几个鸡蛋，亲自送他们到火车站；她注意细节，总是在人们想不到的时候及时送上温暖。

"老干妈"工厂里有5000多职工，这么多人都是免费吃住，所以它有一个比较大的职工食堂。一个厨师来自于农村，家境不好，父母去世得早，有两个年幼的弟弟需要他抚养。因为心情不好，这名厨师养成了爱喝酒的习惯，一个月的工资，几乎都被他买酒喝光了。

陶华碧得知这一情形后，很是担忧。一天收工后，她专门请这个厨师到酒店饮酒。酒桌上，她对他说："孩子，今天你想喝什么酒就要什么酒，想喝多少就喝多少。但是，从明天开始，你要戒酒戒烟。因为你要让两个弟弟去念书，千万别像我一样一个大字都不识。"这番语重心长的话使这个厨师深受感动，他立即表示戒酒戒烟。但陶华碧还是不放心，她只让他每月留200元钱零花，其余的钱则由她替他保管，什么时候他弟弟上学要用钱时，再从她那里支取……这个厨师以后在陶华碧的关怀下，逐渐变得积极向上，不再喝酒抽烟，两个弟弟在他的支持下都读完了大学，有了不错的职业。每当两个弟弟来探望自己，这名厨师都会让他们先去看看"老干妈"陶华碧。因为他知道，是"老干妈"成就了他，没

第五章 "老干妈"管理企业，并不婆婆妈妈

有"老干妈"，他也不会攒下钱供弟弟们读书，更不会有他们的今天。

曾经拍出上亿美元动画《玩具总动员》《海底总动员》的皮克斯动画工作室，其现任总裁艾德·卡特姆披露自己公司的管理经验时说："时刻准备去揭露和探索那些不可见的因素是领导者的基本能力。我们永远站在一扇门的两端，门的一侧是我们已知的世界，门的另一侧则是我们所有人凭借自身能力无法预知的、无法想象的各种可能性。我们要做的就是一脚放在门内，脚踏实地地研究我们既有的知识、信念和工作方法；另一只脚则要迈入混沌、隐秘、未经开创的未知世界中。"

艾德·卡特姆指出，许多刚刚建立的企业，由于上市或者融资，获得了大量的资金，亦或者是公司无限扩大规模的时候，那种豪迈和雄心，会让领导者有一种一览众山小的幻觉，认为自己已经站在了华山的巅峰，无视潜在的危险。如果企业管理者能认清自己不过是一只温水的青蛙，被某种假象蒙蔽了，接受人类洞察力的局限性，管理者会变得更加灵活，更善于变通。

实际上，影响一个企业掌门人做出决断的原因很多，基层管理者（即小主管，小负责任人）在某些时候被蒙蔽，导致大公司掌门人会做出非常糟糕的决策。艾德在书中指出了三种暗藏的势力让领导者无法意识到自己洞察力的缺陷。

第一，是随着头衔的增长，领导者会发现信息渠道变窄，不再和大家融为一体，离真正有价值的信息和问题也越来越远。

第二，官僚陷阱，人才的价值被忽略，掉入层级观念的桎梏中。管理者在很多时候被蒙蔽，导致大公司领导层做出非常糟糕的决策。艾德指出了暗藏势力让领导者无法意识到自己洞察力的缺陷。

第三，管理系统的冗杂让前线的工作人员的发言权被淹没。由于领导者

的洞察力往往是有限的，比起在前线的工作人员，他们的了解并不及前线的工作人员深入和透彻，然而由于他们的声音需要翻越管理的障碍才能到达领导者，而大多数员工又不好意思开口，因此很多信息实际被隐瞒了。如果在危机蠢蠢欲动之前，领导者能收到前线工作人员的汇报，那么很多问题在第一时间就能被解决。

作为一个管理者，尤其是一个企业的掌门人，必须要保证不能离职工太远，要经常下下基层，听听最底层哪怕是一个做饭师傅、保洁员的意见，能够接地气地了解自己企业的真实面目，从而杜绝虚假信息的弥漫。

陶华碧作为贵阳知名的企业"老干妈"的董事长，能亲自为普通打工者理财，从细微之处关怀每个员工，不说是绝无仅有，也难找到第二个。固然没有文化，但陶华碧清楚这样一个原理：帮一个人，感动一群人；关怀一群人，肯定能感动整个集体。果然，这种亲情化的"感情投资"使陶华碧和"老干妈"公司的凝集力一直只增不减。在员工的心目中，陶华碧就像妈妈一样可亲、可爱、可敬；在公司里，没有人叫她董事长，全都叫她"老干妈"。公司的员工来自五湖四海，生活习惯不同，他们天天吃、住、劳动，生活都在公司，时间久了，相互间难免发生摩擦，但只要陶华碧一出面，问题就迎刃而解。就这样，公司全体员工在陶华碧"亲妈妈"一样的庇护下，团结一心地为"老干妈"麻辣酱的发展拼搏起来……

狗肉会餐，一年就盼这一次

马云曾说，员工离职的原因林林总总，只有两点最真实。第一是工资少了，钱和工作没有成正比，即工资没到位；第二就是心委屈了。这些原因归根结底就是一条：干得不爽。

陶华碧虽然没有看过马云这两句话，可是纵观陶华碧管理企业的方法，我们不难发现，她正是运用了马云的理论，即让员工干得开心，干得舒心，干得放心。有了这种综合调解员工的能力，一个企业不壮大都难。

一个企业不是单独的个体，是无数的员工辛苦劳动的结晶。陶华碧用自己的努力，使得"老干妈"成为国内最大的辣酱生产公司，这种能力并不是一蹴而就的，而是她长年累月视企业为家，视员工为自己的儿女形成的。她知道企业的发展，天时地利不可缺，而最重要的就是人和。只有人和，只有全体员工一条心，劲儿朝一个地方使，才能够把企业经营得红红火火。所以，陶华碧的公司虽然只是私企，可是依然给员工交着各类保险，员工们有了保险，养老有了保障，就会安心地在工厂里好好工作。为了增加员工的凝聚力，增加公司和员工的互动和了解，陶华碧还特意举行每年两次的公司聚餐。

贵州有吃狗肉的习俗，陶华碧特地建立了一个养狗场，长年养着八十多条狗，每到冬至和春节，就是"老干妈"喜庆的日子，这一天，全厂员工聚餐吃狗肉。刚刚宰杀的狗肉经过大厨的精心烩制，香喷喷热腾腾，不油不腻，是冬季驱寒的良膳。这一天，所有的员工脸上洋溢着喜气洋洋的表情，能够暂时地离开工作的环境，融入大集体的宴会中，这份喜悦是难以形容的。陶华碧可能没有读过那句名言：抓住一个人的心，先征服他的胃。她读书不多，可是她办企业却有着精明的头脑、运筹帷幄的决断力以及宽广的胸襟。成大事者，必有宽广的心怀，你付出了多少，就会有多少的回报。如果换做一个鼠目寸光的人，觉得养着80条狗，还需要派专人伺候这些狗的一日几餐，这笔花费的数字不算低，鼠目寸光的人就会计较这些钱，从而放弃这场狗肉聚餐。虽然这种领导人能够得到短暂的利益，可是时间长了，员工们逢年过节，看到家家户户都洋溢着过节的气氛，而他们依然在毫无感情味的车间工作，心里难免心寒，孤独无依本来就很难受，公司再不关心他们，很快这些人就会选择离开。

陶华碧有一种成大事的气魄和胸襟，员工吃得好，她才会心安。如今的时代，这些八零后九零后的年轻人，离经叛道有个性，每个人都有自己的小性格小脾气，怎样让这些人团聚起来，怎样让他们增加了解，在工作中增加友谊，是一个很重要的问题。有时候这些年轻人会因为一件不值得的小事就会大打出手，经常一起吃吃饭，团聚团聚聊聊天，是企业文化必须考虑的问题。陶华碧的狗肉会餐很巧妙地解决了这个问题，这些职工在狗肉会餐的过程里，说着开心的话，成了好朋友。一个企业有了"家"的概念，就没有人想离开。

曾有一个"老干妈"公司的员工，由于某种原因离开了这个公司，去了另一家公司上班。到了另一个公司后才后悔莫及，他这才明白"得到时不知珍惜，失去后才知可贵"这句话的寓意。他在另一个公司，觉得那的人际关系冷漠，人人都想着自己，打着自己的小算盘。尤其是过节时，他更加觉得孤独，想念"老干妈"节日会餐的温暖。陶华碧知道他的想法后，很豁达地说："只要你乐意回来，'老干妈'永远欢迎你。"此后，这名员工又回到了"老干妈"，他觉得，只有"老干妈"的公司才是他的家。

第五章 "老干妈"管理企业，并不婆婆妈妈

如今的年代是个性独立的时代，一个刚刚毕业的大学生能够在一个公司待3年，就已经属于老员工了。频繁跳槽的原因无非是原有企业让他觉得不太愉快。据有关专家分析，有85%的员工辞职是因为处理不好人际关系。一个企业的人际关系如果得不到好的改善，会造成大量人员相续离开。不得不说，陶华碧的公司利用节日聚餐的形式，给了这些员工交流感情的机会，有时候厨房忙不过来的时候，这些员工会帮着厨房一起做饭。

有一句话说，感情是在吃饭时培养的，这句话有一定道理，一起做做饭，更能增加交流。都是一个工厂的员工，由于有白班夜班，所以即使工作很久也不一定能够见过或者说过一句话，这种洋溢着家庭气氛的聚餐形式，让大家有了家的感觉，让这些离家的员工关系融洽了，有的小青年还谈起了恋爱，证婚人都是陶华碧。陶华碧就像他们的亲人，在这种氛围里上班，即使工作有些枯燥，可是知道有"老干妈"惦记着他们，他们也是开心的。

有的公司就不会处理企业和员工的关系，觉得节日一起吃饭会很麻烦，不如给员工一些奖金，他们乐意买什么就去买什么，于是，很多企业以为发点钱就解决了大部分问题，员工们得到钱了，也觉得有了实惠，不再说什么。实际上，这种方式虽然给了员工短暂的利益，可是这种企业领导人的眼光并不宽广，实际上，员工也不一定就缺你那几百元奖金，过一段时间，这些员工一旦不如意，立刻就会离开。金钱代替不了感情，他们离开的时候会想，哪个公司过节不给钱，我干嘛在你这干！员工临走时，他们会找各种靠谱的理由，实际上，他们没有感受到温情，这一点是最主要的。

陶华碧在长年的办厂经验中，为了提高人力资源的能力，她给自己的下属总结了这么几条：

第一，要想让员工服服帖帖，要授人以鱼，给员工养家糊口的钱。

第二，就是授人以渔，教会员工做事情的方法和思路。

第三，授人以娱，把快乐带到工作中，让员工获得幸福。

其中第三条"授人以娱"，让员工得到幸福和欢乐的情绪，是很重要的一条。一个企业能够时刻注意员工的情绪，就会激发企业的正能量，为企业带来效益。而作为一个领导决策者，你必须要做一些无法为你立刻带来回报的事，针对员工进行物质感情投资，是很重要的。而有才能的员工，更看重自己的工作环境，有的人宁愿去做工资低一些的，但是能够开心的工作，就是明证。

快乐员工＝快乐企业，如果你能让你的员工一年365天都开心高兴，那么，你一定拥有世界上最强的团队，你的企业一定是最为成功的团队。

暗示，老板也应懂点心理学

由于辣酱的特殊制作过程，需要把熟透的红辣椒切碎、捣烂，然后和豆豉掺和在一起进行加工，才能制作出美味可口的辣酱。这种特殊的工艺，对人眼睛的耐辣性是一种严重的考验。陶华碧最初办厂的时候，只是一个简陋的手工作坊，没有现代化生产线，有限的40个员工，工作时，因为担心辣椒伤眼睛，员工们都不愿意干"切辣椒，捣辣椒"这两道工艺。

当时切辣椒，都是手工操作，拿着菜刀在案板上切碎这些红红的辣椒；捣辣椒，也是拿着捣杵，在罐子里把已经切碎的辣椒捣烂。这种工作干一会儿，辣椒溅起的飞沫就会溅到眼睛里，眼睛会受不了刺激，哗哗地流泪。所以，很多员工都不想干这两样工作。陶华碧亲自动手，她两只手一手一把菜刀，两把刀上下翻飞，辣椒沫溅到她的眼睛里，她眼睛里一边流泪，嘴里却对身边的员工说："我把辣椒当苹果切，就一点也不辣眼睛了，年轻娃娃吃点苦怕啥。"

因为有老板亲自带头劳动，干谁都不想干的工作，员工们看到老板身体力行，大受感动，在陶华碧的带动下，员工们也纷纷拿起菜刀"切苹果"。

陶华碧身先士卒的代价是患上了严重的肩周炎，为了把切碎的辣椒和佐料搅拌均匀，把手伸进盆子里搅，为此10个手指头因为长期搅拌辣酱而全部钙化。就是在这种艰苦的条件下，陶华碧一步一步把企业慢慢扩大。有关品牌营销人士曾分析，一个企业也有自己的生命周期，从创立到辉煌，也就几年的时间，以后会慢慢走下坡路。但是"老干妈"就是一个企业界的奇迹，多年立于不败之地，而且越来越辉煌。能做到如此的优秀，很大一部分原因是陶华碧有着吃苦耐劳的精神。是她自己首先吃苦，把最痛苦的事情自己先做，把最苦的事情用乐观的精神去面对，有了这种精神，员工们才有了向上的劲头。这种精神，才是一个团队的合作精神。

历史上曾有"望梅止渴"的故事。东汉末年，曹操率领军队去攻打张绣，不料敌人跑得很快，曹操的军队追赶半天依然没追上，而这时他们走进了一片荒漠里，又迷路了，这个时候将士们都很疲惫，再加上又是夏季酷暑，士兵们被太阳炽烤得大汗淋漓，都灰心丧气了。曹操是个杰出的军事家，他看着奄奄一息的士兵，又看看已经瘪了的水袋，灵机一动，对这些士兵说："前面有一片梅林，结满了梅子，走到了就能吃到梅子了。"

士兵们听了曹操的话，顿时重新鼓起了勇气，继续追赶，终于找到了一片有水源的地方，解决了饮水问题。因为有了水，士兵们又有了劲头，终于走出了荒漠。这就是"望梅止渴"的由来。如果当初曹操不用"远处的梅子"来诱惑这些士兵，只怕这些人会丧失继续追赶的勇气，最终渴死饿死在荒漠里。

实际上，"望梅止渴"这件事是一种很有趣的心理暗示。从生理层面上讲，望梅止渴是一种条件反射，士兵们想到梅子的酸味，嘴里不由得产生了口水，就跟吃到梅子一样，就这样鼓舞了士气，有了继续追赶的动力；从另一个层面来说，领导的话对于士兵有权威作用，"前方有梅林"这句话，改变了他们自己的观念，引发了自己内在的心理活动。对别人的话不假思索的完全接受，有一定的心理暗示作用。曹操巧妙地利用这种心理，鼓舞了士兵的士气，给了士兵一种目标和向往，类似于俗话说的成语"画饼充饥"。而陶华碧说的"把辣椒当苹果切"，也是为了让员工从心理上不再惧怕辣椒，从而战胜自己本性的懦弱，让工作顺利开展下去。而她后面紧跟着的那句话"年轻娃娃吃点苦怕啥"，更是在培养员工的吃苦精神。她亲自动手切辣椒，用手拌辣椒，就是给员工树立一种榜样，老板自己都能如此吃苦，年轻人还怕什么。陶华碧年轻时候吃的苦太多了，所以这样告诫年轻的员工，是给他们警示：年轻时候吃苦，以后的日子自会苦尽甘来。

"心理暗示"在本质上，是指人的情感和观念会不同程度地受到别人下意识的影响。人们会不由自主地接受自己尊敬、喜欢、信任、钦佩的人的暗示和影响。心理暗示的作用应用范围很广，比较著名的"罗森塔尔效应"就是老师对学生进行积极的暗示：老师把随机抽选出的学生进行鼓励和暗示，认为对方很聪明，是智商高的人才。这些随机抽选的学生，在以后的学习生活中产生一种积极的情绪和老师的暗示相呼应，以后果真比其他没有得到暗示的学生有了大的变化，在以后的事业上做出了非凡的成绩。

人类之所以很容易受到暗示的心理作用，实际上是人格中的"自我"部分，在综合了个人需要和环境限制后做出的决定。这种判断力和决定的力度就是平时所说的"主见"。但是人不是神，没有万能的自我，没有完美的自我。自我的"不完美"，自我的"缺陷部分"，就给外来影响留出了空间，给别人的暗示提供了机会。我们会不由自主接受自己喜欢的人、自己钦佩的人给我们的暗示。暗示作用只应该给"自我"和"主见"提供补充和辅助，积极的暗示对于一个企业的影响是巨大的。

罗森塔尔效应也叫"皮革马利翁效应"，是由美国著名心理学家罗森塔尔和雅各布森经过试验论证的。他们的观点是心理暗示对于一个人心理层面和社会活动上的重要意义。如果把心理暗示应用到企业的管理上，上级时时注意下级的情绪，对下级进行适度的激励，领导对下属投入感情、希望和特别的诱导，使得下属发挥出自己的潜能力，从而开拓出下属自身的主动性、积极性和创造性。陶华碧的暗示让员工产生了一种"辣椒就是苹果"的感觉，让他们暂时忘记不愉快的体验，产生工作的积极性。

在艰苦的环境里，培养员工的乐观主义精神，是每一个决策者都应该注意的。如果领导者经常对一个本身能力有点差、意志力薄弱的员工进行积极的暗示"你一定会行的""你会有办法的""我相信你一定会办好"……这样下属就会朝你期待的方向发展，人才也就在积极的感情激励中诞生。一个"不行"的员工，改变了自身的局限，变成了"行"，能使员工做出如此改变的，就是一个好的领导者。

  "经营之神"松下幸之助是一个善用心理暗示的高手。他首创了"电话管理术"，隔三差五给员工打电话。他也没有特别重要的事，只是慰问性地问一下员工的近况如何，生活得咋样，适应不适应公司的环境。当员工回答说还可以时，松下又会说：不错，希望你继续努力，你很棒。长此以往，每一个接到电话的下属都感到老板很重视自己，那种被需要被尊敬的感觉让他们心情大好，干工作也兴致勃勃。公司许多人在这种心理暗示的作用下，克勤克俭，努力奋进，逐步成长为公司高素质的人才。松下的电话管理术，挖掘了人性的潜能，是一种积极的暗示。

  心理专家说过，人类有70%的潜能是沉睡的，一个领导者，如果处处给员工脸色看，会给员工一种消极的心理暗示，如果领导人经常批评自己的下属，下属会觉得精神沮丧，变得退缩、冷淡、泄气、萎靡不振等。俗话说"良言一句三冬暖，恶语伤人六月寒"，领导者如果能巧妙地利用心理暗示，会收到事半功倍的效果。

第六章

陶华碧

"老干妈",就这么任性

人生就像一口大锅，当你走到了锅底时，无论朝哪个方向走，都是向上的。最困难的就是在向上走的过程中，你还是不是原来的你。你想得越多，顾虑就越多；什么都不想的时候反而能一往直前。你害怕得越多，困难就越多；什么都不怕的时候一切反而没那么难。

　　这世界就是这样，当你勇敢地去坚持自我、坚持追梦的时候，全世界都会来帮你。

欠我的钱,没门!欠别人的钱,我也不做

　　一个女子的一生,总会有许许多多的机遇和挑战。在这个旅途中,有的人停滞了,享受家好月圆,挥洒人生的美满与幸福;有的人不停地越过那些温柔的陷阱,她们走得艰苦,却也走出了自己美丽的一生。

　　陶华碧就是一个一次次主动抛弃了幸福的女子,在她开办工厂之时,她主动肩负起所有职工的住宿和吃饭问题。在当时她一没有多大财力,二产品没有名气之时,她的这一举动无疑是具有风险的,可是她依然做到了。在20世纪90年代,平常城市的普通工人,月薪几百元就属于很不错的了,即使彼时的物价并不高,可是几百元除了吃饭所剩无几。在那个年代,能够负担职工的吃饭,还发工资,这是一笔不小的开销。陶华碧就单单愿意做这样一个傻人,职工的工资她一分也没拖欠过,吃的饭更是不敢有马虎敷衍之意。

　　我相信,世间有些女子,她的磊落风情,她的决断英明,她的巾帼不让须眉的姿态,一定是有着其因果或者天分的。在这个世界上,有的女子温婉如水,娇小可人,她们适应生活在温室里,生活在别人为她筑就的安乐窝里,活得舒

适优雅，一阵风吹过，对于她们就如同晴天霹雳，势必摇摇欲坠，盼望得到更强有力的爱护；有的女人就活得爽利刚毅，办事绝不拖泥带水，行事磊落光明，说一不二。

一直觉得，这类刚强果敢的女子，是前世种下的因。她们的聪明美丽，携带着前生的宿命。这类女子，在遥遥不可知的前世，一定是一位江湖或者武林女子，她们眉梢凌厉，她们眼睛极富神采。这样的女子，让我想起了替父从军的花木兰，而陶华碧，她也说过，近代最喜欢吴仪，古代最喜欢花木兰。

古代只有花木兰一样果敢英勇的女子，才能得到陶华碧的赞赏。而陶华碧在商场上的爽利，也如花木兰一样，从不畏惧世俗的封建禁锢，更不会因循其他生意人的经验规律，她勇敢地打破了当时"三角债"在商业上的惯行，她讨厌商业上拖款欠债成死账呆账的行为，她要求一手交钱，一手交货。

陶华碧是从苦日子过来的女人，当年和婆婆一家居住在一起，她爱人去世后，婆家的日子也不宽裕，由于爱人的病拉下的饥荒，婆婆担心债主上门讨债，和她断绝了来往。那叫天不应叫地不灵的日子，曾让陶华碧痛不欲生。亲戚们都各有各的难处，谁也不会帮助这一家孤儿寡母。那些债务，是陶华碧后来做生意一笔笔还完的，此后，她就暗暗发誓，以后不论多苦多难，都不欠别人一分钱。她对记者说，我欠别人的钱，我过意不去，不还钱一天也睡不着，所以，我不论到了何等境地，我都不欠钱，当然，我也要求别人不能欠我的钱。

她就是这么一个说一不二的人，她认为不做亏心事，不怕鬼叫门，欠了钱，日子过得不踏实。曾经有过欠债还钱的压力，她尝到了里面的苦，她这辈子都不想过那种被人索债的日子了。

此后，她的这一思维用到了"老干妈"的经销上，不论是面对上游供货商还是面对下游经销商,她都当仁不让,一手交钱一手交货,把钱当面点清。最初有些商家觉得她有点农民思维,商业上欠款是常有的事。陶华碧依然固执自我,这种独立自我不畏惧世俗的行为,在商界实属有个性,有担当。

彼时,国内各个企业互相拖欠成风,"三角债"不论在私企还是国企都成为常见现象。

据悉,20世纪80年代末统计,全国工业企业不正常的拖欠大体在四五百亿元左右,到了90年代,拖欠猛增至2000亿元,而1990年国内生产总值为18000多亿元。两个数据一对比,就可以发现那时候三角债的问题已经相当严重了。为此,国家专门召开了会议,准备清理特殊而复杂的任务"三角债"。当时的权威人士认为,产业结构不合理,积压过多,如果再不清理三角债,将会成为经济低迷的第一块多米诺骨牌。

经历过20世纪90年代"三角债"危机的人应该记得,当年国家为了肃清三角债,特意选择了工业基地东北。调研的第一站即是鞍山钢铁厂,这家国内著名的企业已经被三角债拖累的即将垮掉。例如鞍钢卖给沈阳电缆厂3000万元的钢材,货款要不回来。因为没钱,鞍钢支付不了炼钢所需的煤炭钱,以致当时的煤矿已经不给鞍钢发煤了。但是煤矿的煤不能往外卖,就发不出工资,煤矿职工的生活就很困难。在调研组去之前,鞍钢正面临锅炉停产的风险。

煤矿、鞍钢、沈阳电缆厂的"三角债"问题,是当时"三角债"危机的缩影。据当年的一个老职工说:"那时候很多企业都不再生产了。彼时火车、汽车上出现了一群特殊的乘客,他们被称为'讨债大军'。当时有些中小企业甚至有一半的人被派出去讨债。"

"在全民讨债的背景下,造成人人都没有信用,谁也不讲信用,能拖就拖,都向国家银行伸手要钱。"至今的老职工回忆起当时的情景依然唏嘘不已。

就在"三角债"盛行的20世纪90年代，陶华碧却一心坚持自己的主意，对上游她绝不拖欠，让辣椒农拿着钞票高兴地回家；对下游她绝不手软，绝不容忍对方拖欠。不一手交钱一手交货的，她不打交道。如此一个爽利耿直的人，有人夸她掏钱爽快，是个能打交道的商人；也有人说她太倔，一点也不让步。

陶华碧从来不会商人间的勾心斗角，她也不是那种阴险狡诈的人。都说好人、耿直的人、不够灵活的人不能成大事，陶华碧作为一个诚实的好人却成了大事，她的"老干妈"由于现金流充裕，没有呆账坏账，有生产就会有盈余，虽然利润微薄，但禁不住积水成河，她终于成功地成为国内销量最大的首屈一指的辣酱品牌。

据说陶华碧的公司账目非常简单，就是一个简单的收入支出，没有一分钱的赊欠和应收账款。她不愿意花费时间用在讨账上，她宁愿便宜一些提供给经销商，也不答应个别经销商高价收货却不现金结账。她用简单的方法做到了别人"巧设账目"都应付不过来的追讨拿要。她直截了当，放弃了高价收货的诱惑，她看起来有点牛气，用消费者的说法就是一根筋，可是人们都乐意和她打交道，都说和"老干妈"陶华碧做交易，省心、放心。

当"老干妈"越做越大时，数不清的代理商找上门来，准备借着"老干妈"的东风发一笔财。陶华碧也终于有了底气面对各路来的代理商。她审时度势，决定自己挣了钱的同时，也让代理商挣钱，于是她决心实行"保证金"制，即一个省设立一个代理商，上海北京二市设立一个代理商，并且规定，谁代理"老干妈"必须缴纳1千万到2千万的保证金。

这个保证金吓退了好多的代理商。彼时已经21世纪初，经济的发展使得很多人富裕起来。即使如此,一千万对于这些商人来说,也是个类似天方夜谭的大数目。陶华碧这么做,就是探探各路代理商的底细,因为"老干妈"的销量之大,需要现货现金交易,如果没有资本的代理商,很有可能成为三角债的关系。可以说,陶华碧的这一招用对了,有这个能力的,在以后的交易中,都做到了一手交钱一手交货,省去了赊欠的恶习。

陶华碧成功了,她的成功密码既简单又不简单,她做到的别人也能做到,只要不搞赊欠,不搞人情交易,对上游交钱爽快,对下游要账铁面无私,这样的企业,才是做大的根本。

霸气侧漏,平生就贷了一次款

相信每一个创业者、每一家具有一定规模的企业,都有过扩大规模再生产、资金周转不灵的时候,而此时,向银行贷款就成为了众多企业的首选。

贷款成了商业上司空见惯的现象,也是众多大佬们驰骋商场,东山再起的一把金钥匙。有了好的创意,好的商业模式,独独缺少资金的情况下,贷款确实可以解决燃眉之急。

史玉柱当上民生银行的董事后,很形象地说明了贷款这件事。他说:"如果企业获得10亿元资金,欧美企业多会存入银行做现金储备;中国企业会再贷40亿元,立马投资掉。欧美企业及中国赴美上市公司,多无贷款及大量现金储备；国内上市公司大多高负债(央企例外)。这是企业家习惯和商机多寡所导致。第一代企业家退出舞台前不会改变，10年内贷款仍将是紧俏商品(哪怕利率市场化)。"

不得不说，史玉柱说得的确有几分道理。欧美国家的企业家更为保守和谨慎，相比之下，我国的企业家步子就迈的大了些。这也是上个世纪国情决定的。我国的企业家很多是从一穷二白起家的，不贷款就没有原始资金，没有资金就没有办法上项目，当年的农村合作基金会，即是始于此。

商场上的战争风起云涌，当年贷款的很多企业，有的富了个人，伤害了集体；有的靠贷款确实把自己的企业办的红红火火，还有更多人的企业，禁不住市场的诱惑，架子越铺越大，库存积压卖不出去，银行借款还不了，于是资不抵债，严重的进了监狱，成了阶下囚。

陶华碧的"老干妈"成立于20世纪90年代，彼时各路企业家，新潮思想的实干家、改革干将、具有互联网商业思维的儒商，金融学者纷纷在历史的舞台上粉墨登场，唯有陶华碧按兵不动，她的企业她心里是有数的，因为她一直遵守一手交钱一手交货的原则，没有任何的呆账坏账，当时企业发展的蒸蒸日上，工厂由40个工人逐渐增加到5000个，月月都能依靠"老干妈"的销量发得出工资，没有借贷的日子，对于她来说，心情是舒畅的。

陶华碧说过，有多大本事做多大事！她一无官方背景，二无很多的本金。她的资金周转全靠着"老干妈"的销售得来的盈余。其实她也知道，贷款对于一个新成立的企业无疑是很重要的，尤其是企业发展顺利销量日增的情况下，扩大生产几乎成了提上日程的一件事。可是她依然死守着自己的阵地，任凭风吹雨打。

第六章 "老干妈",就这么任性

有人说陶华碧保守,不敢借贷,属于小农资产的想法;也有人觉得陶华碧不够有气魄,既然想把企业做大,贷款是不能避免的。

也许是女人天生的敏感和对市场嗅觉的灵敏,陶华碧就决定做一个"胆小"的老板了。并不是她没有野心,没有野心也成为不了今天的"老干妈",她只是想自力更生,以自己的能力扩大生产,如果没有能力,靠借贷虽然得到了发展,却形如一个吃多的胖子,它的胖属于虚胖,一旦遇到资金链断裂等情况,就会让自己陷入万劫不复之境地。

作为一个商人,要考虑方方面面,不能头脑发热,立码就上大项目,立码去银行借贷。

曾有一个鼓励借贷的故事在民间流传,是说有两个老太太在天堂里相遇了,一个来自中国,一个来自美国。中国老太太说:"我攒了一辈子钱,终于在临死前买了一套大房子,可刚搬进去,就上天堂了。"美国老太太说:"我住了30年的大房子,在上天堂以前终于还清了全部贷款。"不得不说,这个故事忽悠了很大一部分房奴,售楼处也不厌其烦地用这个故事鼓励人们去买新楼盘,他们用美国老太太和中国老太太的故事激励人们贷款:你是想一辈子住旧房子还是能住好房子呢?你是为谁打工呢?提前过上有房族的日子,生活质量提高了,不就是还点贷款吗?你打工挣的钱不也是最后买房吗?

但是你知道另一个版本的美国老太太和中国老太太的故事吗?话说10年后,美国老太太贷款的房价下跌了,可是美国老太太提前消费,过度透支,没有钱给银行交钱了,最终她资不抵债,还了一半的房款,最终却被银行告上法庭,法庭宣判,美国老太太立即搬出住宅楼,以后这楼盘不属于你的了,属于银行了。这样的故事并不是天方夜谭。

据报载：美国俄亥俄州阿克伦城的一名叫 AddiePolk 的老太太无法按时归还按揭贷款，被当地警方送达驱逐令不下 30 次，虽然她在这所房子里已居住了大概 38 年。她试图开枪自杀，所幸被及时送入医院治疗。

陶华碧是一个有特色、有个性的企业家，她凭着朴实的思想经营企业，不借贷让她更有底气过平静舒坦的日子。对于美国老太太和中国老太太的故事，她听到的并不多，她就知道，借了银行的钱得还，而且还得高利息地还。不还钱就得关闭你的工厂，赶出你住的屋子，别看现在这些人巴结你，让你借款，到时候，没有一个人帮你，你只有靠自己。

当时，有不少银行信贷工作人员以及政府机构游说陶华碧，希望她贷款。陶华碧不会说花言巧语来搪塞过去，有的银行人员和陶华碧熟了，也就开起了玩笑："你也是大老板了，你看你就贷款买辆豪车吧？"陶华碧说："有钱人是有钱了才买车，不是先买车后有钱，这个顺序可不能颠倒了，我还没钱，不需要买车。"

陶华碧认为：富有不是你赚了多少钱，而是你能剩多少钱。如果一个人住高级别墅，吃海鲜珍馐，却举债千万，那不叫富有。真正的富有就是你住在破旧的屋子里，有存款有余额，不担心债主上门，这样的人才是真正的有钱。

陶华碧从不让自己陷入借贷的境遇，就是因为有一种危机意识。君子不立围墙之下，她常教导自己手下的经理和财务：水能载舟亦能覆舟，银行不是慈善机构，出来混迟早要还的。如果还不起贷款，银行会通过法律手段来维护权益，这期间借款人的抵押物资或企业资产将会被拍卖，担保人要连带追偿责任。

陶华碧就用这么朴素的道理领导着"老干妈"，让"老干妈"的生意不被资本左右,也没有出现过资金断裂的情形。

关于陶华碧贷款的趣闻,民间也有流传。据悉,2001年,为了进一步扩大规模,陶华碧准备再建一处厂房。当时,公司大部分资金都压在原材料上,有人建议她找政府寻求帮助。南明区委对此事很重视,立即协调建行给她贷款。协调好以后,区委办给她打来电话,让她到区委洽谈此事。

陶华碧带上会计来到区委,乘电梯到区长办公室所在的三楼。因为电梯很旧,门已经坏了,陶华碧走出电梯时,一不小心被电梯门挂住了衣服跌倒在地。

陶华碧爬起来后,随行人员以为她要发火,谁知她却说:"你们看,政府也很困难,电梯都这么烂,我们不借了。"

随行人员还以为她是在开玩笑,她却叹了一口气,说:"我们向政府借钱(陶华碧不知道政府协调银行贷款是什么意思,以为就是向政府借钱),给国家添麻烦。真不借了,我们回去。"

创业期间,陶华碧从来没有和银行打过交道,唯一的一次贷款是在她发达之后,银行不断托人找上门来请她贷款,却碍不过情面才勉强地贷了一次。

经历过起死回生的巨人集团领袖史玉柱说:"我再也不敢盖五层以上的高楼,打死我也不敢了,我挺享受现在胆小如鼠的感觉。"这个野心勃勃的企业家,已经懂得把自己的企业置于一种安全范围内。

"我以前投一个项目,头脑发热,什么可行性报告,我都不要,都是看面子上的东西,然后大家一起开会,一拍脑袋当场就决策,这个事就做了,资金就投下去了。现在,就会思考到底有多大的风险,把所有风险都列出来,如果中国地震了怎么办?如果中国发生核战怎么办?如果中国发生重大经济危机怎么办？我们会想各种最坏的结果，胆子小了。"现在的史玉柱一再强调，企业要有零负债、高变现能力。

经历过大江大浪的史玉柱，在千番过尽后竟然返璞归真，不再崇拜冒险精神，这一点竟然与陶华碧的商业构想达到了一致。不得不说，这并不是巧合，而是一个企业本应就有的意识，只不过，陶华碧过早地悟透了这一点而已。

近年来，福建连连发生钢贸商"跑路"、自杀等事例，曾经叱咤风云一掷千金的大佬们因何自杀呢？原来，由于上游产能过剩，下游需求不旺，曾经的贷款要支付巨额的利息（有的利息达到了27%），整天被银行追债，最终承受不了压力而选择自杀。

聪明的商人从不把自己逼到绝境，今天还觥筹交错，明天就可能被银行追债，那种日子陶华碧宁愿不要，她游刃有余地在商海里跋涉，走得轻松，走得没有重负。她要做富翁，而不是负翁，她的定力和商业智慧，让其他商人不得不佩服。

做生意，就要对数字有极强的心算能力

在这个世界上，总有一些不合情理的事情发生。有的人不通文墨，却能够把历朝历代的故事演绎得倒背如流；有的人辛苦读书，读到研究生硕士，却痴昧瞒愚，被人拐卖到深山远林，嫁到偏僻的所在，枉读了多年的书。一个人

第六章　"老干妈"，就这么任性

的灵性，是与生俱来的本领，它甚至不分文化知识的高低，不论喝过墨水的深浅。

能够在这个纷扰的世界里，聪明淡定地活着，是一种美丽。陶华碧在忧苦的岁月里，凭着做生意的天分，尽管路走得有些磕磕碰碰，可相比同等境遇下的女人，她活得依旧潇洒，活得并不憋屈。她虽然没有读书，不懂《三国演义》《孙子兵法》的勾心斗智，却果断干脆，做生意一是一，二是二，绝不拖泥带水，她秉奉让顾客满意也让自己乐意的心态，积极处事果断为人。对待穷学生，她帮助他们，不收取费用，对待吃拿卡要的各种"局"她便说打就打，说吵就吵，从不将就这些人。在生意场上，她把亏吃在明处，绝不让对方觉得自己没有文化就可以蒙骗自己。

她的所有智慧不外乎她有一个聪明的大脑，她有极强的计算能力。不要小瞧了她没有上过学，有些人天生就有一种本能，能够在极快的时间内把生意算得清清楚楚。"老干妈"手下的员工都不得不佩服地对记者说，老板陶华碧的记忆力和心算能力惊人，财务报表之类的东西她完全不懂，她的企业只有简单的账目，由财务人员念给她听，她听上一两遍就能记住，然后自己心算财务进出的总账，立刻就能知道数字是不是有问题。

不得不说，在生意场上，极强的计算能力和记忆力是一个优秀的商人必备的条件。

让我们的视线回到那艰苦奋斗的1998年8月。彼时，陶华碧的"贵阳南明老干妈风味食品有限责任公司"刚刚成立，就在去年还是一个只有40人的辣酱作坊，此时，随着销量的增加，工人从40个人增加到200多人。陶华碧作为风味食品有限公司的老板，任何事情都要靠她自己亲历亲为，不仅仅带头剁辣椒，就连财务、人事各种报表，公司各自管理制度都要她亲自审阅，工商、税务、

149

城管等很多对外事务都要应酬,政府有关部门还经常下达文件要她贯彻执行。除此之外,她还经常要参加政府主管部门召开的各种会议,有时还受命上台发表讲话。

前文说过,陶华碧是一个没有什么文化的农村妇女,各类应酬让她应接不暇,她不会像其他商人一样,和官场和生意场上的人虚伪客套,也不懂得怎样和各个部门的人打交道。彼时,陶华碧拥有的,只是她从底层挣扎的女人的倔强和要强,她很少参加官场上的会议,更不愿意和当官的拉关系。这个性格即使多年后,她已经在召开的两会上毫不怯场、游刃有余、不卑不亢时,却显得依然那么格格不入,那么与众不同。这种性格在生意场上的表现就是我行我素,不随波逐流。她精明干练,不识字不代表她没有计算能力;没有文化,不代表她不懂得做生意。

曾有心理专家把达尔文的进化论应用到人的潜能力,他们认为每个人都有没有被开发出来的潜能力,个人能力有无限可能,这种可能性在外部环境或教育条件许可时,可以通过一定的经验发展成为现实能力。

可以说,我们每个人都有这种没有被自我发现的能力,只有在某种条件下被激发出来的时候,这种能力才能够被发掘出来。例如有个省的书记因为贪污罪名被送进监狱,在服刑期间,离开了官场生涯的他胸中有很多感慨。他开始写文学作品,以总结自己这些年的是与非,没想到狱中安静的环境和禁闭的日子,让他的文学才能得到了发展,他一发不可收拾,一连写了3部长篇小说,被长江人民出版社看中并且出版,他也成为了一名作家。如果他没有进监狱,依然觥筹交错,灯红酒绿,他这种文学的潜力是不会被发掘出来的;李嘉诚小学毕业,14岁在舅父的钟表公司当泡茶扫地的小学徒,在这种嘈杂的环境里,让他学会了察言观色、见机行事的本领,这种本领为他走上推销的道路奠定了基础,20岁那年他就因为出色的推销能力而成为塑料花厂的总经理。如果没有当年跑堂的经历,也就不会开发他察言观色的能力,李嘉诚也不会成为今天的商业大亨。他对商业灵敏的嗅觉,处处先人一步的行动以及眼光,就是彼时在给形形色色的人端茶倒水时锻炼出来的;著名演技派影星孙红雷,小时候跟着母亲捡过破烂,在最初当北漂的日子里,他只是一个不出名的小角色,偶尔有片可演,也是冷硬入骨、剑拔弩张的硬汉。后来疼爱他的母亲去世,悲痛之余他的角色里开始有了新的东西。《潜伏》中余则成的"泰山压顶而不改色"的孤单和收敛,被他演绎得淋漓尽致。他的演戏天分经历过生命至痛后被挖掘出来,原来,"戏"中的人生,就是表达的人性。

陶华碧不过是一个普通的家庭妇女,早年家境贫穷没有条件读书,贫穷的生活给了她吃苦耐劳的能力。在爱人离去后她做过多种生意,做生意需要算账,不论是卖菜还是经营饭馆,简单的生意如果算计得时间长了,以后谁还来买你的东西。所以,陶华碧必须要用最快的速度心算出来账目,不仅要算得准,还要快。这种能力是她在多年从事的生意中培养起来的。

彼时,社会上已经有了计算机等现代化的设备,很多商人开始用这些帮助自己,陶华碧并不需要这种设备,第一她为了节约钱,家里两个儿子还在读书,她要节约每一笔收入;第二她觉得计算机不太方便,她除了认识钞票上的数字,不认识计算机上面的按钮分别代表什么;第三她认为计算机不如自己口算快,所以从一开始做生意,她就摒弃了计算机,从最初的一捆葱,到最后一箱箱的"老干妈"出厂,都由她心算出成本和利润。她对财务的掌控能力,她精准的计算能力,令进她工厂的财经大学毕业的大学生也自叹不如。

陶华碧的计算能力是被当时的条件激发出来的，只有苛刻的生存环境，才能激发人的潜在能力。

当年工厂开起来后，长子李贵山看到母亲日夜操劳，不仅仅要算工人的工资、辣椒的成本，还要去应酬官场上的一些事，就主动来帮母亲。此时李贵山已经从部队转业回来，在父亲曾经工作过的地质队工作，虽然此时的陶华碧已是小有名气的生意人，但她还是觉得李贵山辞掉"铁饭碗"来帮助她是"秀才落难"，故极力反对。无奈之下，李贵山只能"先斩后奏"，先辞掉工作才找到陶华碧，成为"老干妈"的第一任总经理。

有高中文化的李贵山，帮陶华碧做的第一件事是处理文件。一个读，一个听。听到重要处，陶华碧会突然站起来，用手指着文件说："这个很重要，用笔划下来，马上去办。"陶华碧对商业有着天生的敏感度，她能够在第一时间内确定一件事是否该做，她不受其他生意人的习惯影响，她谨慎小心，心思缜密，却又干脆果断，她能够在最快的时间内，迅速评估出风险值，迅速做出决断。如果第二天有个会议，只需要有人把文件给她读两遍，她就能够立即记住，并且在会上一字不落地背出来。

做生意就要对数字有极强的敏感和心算能力，这种能力和文化素质、数学能力的关联并不是很紧密。现在很多生意都是在手机里与饭桌上完成的，对方报出一个价来，你要能快速判定是否对自己有利，还价的时候又要考虑对方是否能够接受，这样生意才能够做成。如果你斟酌半天或者拿出计算器翻来覆去地算来算去，没准合作方早就等得不耐烦了，你也就错失了一个重要的合作机会。如果反过来，对方一报价，你立刻就灵敏地反映出相应的数据，对方会觉得你聪明可靠，办事利落，值得信赖。

据说陶华碧平日喜欢打点小麻将，我们相信，即使是很小的麻将，她一定也是一个胜券在握、输的概率很小的人。

一个人一旦有了生意人的头脑，他还会输吗？

不熟悉的领域我不干

之前有件事比较火，那就是格力的董事长董明珠和小米的董事长雷军较上劲了。

2013年12月12日，在央视"中国经济年度人物"颁奖典礼上，雷军和"铁娘子"董明珠当着全国人民打了个赌，如果5年后小米的营业额超过了格力，让对方赌1元钱赔自己。董明珠却说，5年后如果格力的营业额被雷军超过去了，宁愿赔对方10个亿。由此，赌资升级为10个亿。

这件事发生不久，格力董事长董明珠大概还觉得不解气，她在录制深圳卫视的财经节目《百佬会》时表示，"我要做手机，分分钟灭掉小米。"本以为董明珠在开国际玩笑，格力的空调全国闻名，手机是其不熟悉的领域，怎么会竞争过雷军的小米？孰料，没过几天，董明珠就真的造了一款手机出来了。虽然这款格力手机外表平淡无奇，可毕竟人家一个造空调的造出手机来了，而且据说还豪言销售1个亿。当然事实胜于雄辩，在6月份召开的格力电器股东大会上，格力又将年销量锐减为五万部。然后，我们知道，这款手机销量很惨，仅仅数万部的销量让董明珠这位"霸道女总裁"颜面扫地。

其实，格力的溃败也没什么可抱怨的，此款手机外观比较土，没有亮点，5英寸的720P的屏幕，1GB+8GB、200W+800W的硬件组合，价格卖到了1600元。尽管凭着格力空调强大的销售渠道，可以在格力空调连锁店里卖格力手机，依然改变不了格力手机滞销的局面。董明珠这次的跨界营销，可以说是失败的。

当然，有经济学家评论此事说，董明珠推出自己品牌的手机，不过是傍小米这个互联网品牌，使之与传统家电品牌格力发生联系，顺带地提升了格力在互联网用户当中的知名度。董明珠的醉翁之意不在酒，在乎"连番作秀，获得媒体关注度，不花钱完成一次借势营销而已。"且不论经济学家怎么看，我们只知道，董明珠在珠海投入巨资开发了一条手机生产线，她确实是想做手机的，并且最近又大嘴说，小米已经不是她崇拜的对象了，她要赶超苹果。

董明珠虽然一再地以"对骂、夸口"做推广，事实证明，她的跨界经营不怎么成功。在波诡云谲的商场上，女英雄有很多，例如董明珠，她有格力强大的经济做后盾，年销售额1200亿，如此强大的经济实力，做一款手机对于格力也许就是赔了也无关紧要，董明珠也许只是作为一个商界女"铁娘子"偶尔调皮地"玩"了一把手机，而如此的玩耍，不是任何企业和商人都敢于担当的。陶华碧毕竟不是董明珠，她时刻谨记着，钱要花在刀刃上，每一分钱都来之不易。辣酱不等同于空调等盈利高的家电，一瓶辣酱只挣几毛钱，还要分给经销商一些，这个钱，她挣得不容易，她不可能以玩的心态去玩手机，去玩其他跨界的商品。

其实，在商业的大浪中，大部分的商主每迈出一步，都是谨慎又谨慎的。他们知道，每一次跨越，都可能要付出惨重的代价。

一直以"香瓜子"为主业的洽洽瓜子，本来经营得不错，短短几年时间，就达到了年销售额 10 个亿。然而，洽洽感觉自己经营的品种过于单一，又加上自以为有着不错的下游渠道，于 2010 年跨界经营薯片界以及高档食品坚果界，并且给自己定下新的目标，预计瓜子以外的业务收入达到 50%，但是这个目标一直没有实现。除瓜子以外的业务仅仅达到了 20% 左右，距离 50% 的目标还很遥远。薯片的销售更是悲观，从 2010 年投入运营，到 2012 年薯片销售收入连年下跌，较之于 2011 年同期下降了 23.38%，由于连续亏损，多元化道路受阻，洽洽准备花费百万美元换新包装，回归主业。

由此可见，跨界也不是那么好玩的。"老干妈"陶华碧认为，做一个品牌，越是单一越能体现其独特性，消费者吃饭觉得饭菜没滋没味时，第一个想起的就是"老干妈"，这才是成功。如果品种太多，定位不清，消费者会出现意识不明的感觉。

科研机构也认同这一观点，科学家认为，每个人的意识里都有"惰性"这一特征，一个品牌在市场还没有的时候，如果先入为主，就占了很大的便宜，能让消费者一下子就记住了，每一次购买，为了怕麻烦，直接购买这个品牌。例如脑白金的疯狂轰炸广告，虽然让消费者有点审美疲劳，可是，它那流行了十几年的广告词"今年过年不送礼，送礼就送脑白金"却深深地印在了消费者的脑海里，每当一个人想给什么人送送礼，或者回家看看打算给家里的老人买点什么东西时，这句广告词就会跃然脑海。

现代社会是一个讲究效率和时间的社会，直接买第一个印在脑海里的保健品脑白金，省去了挑来挑去的麻烦，节约了时间。史玉柱正是抓住了消费者"偷懒"的心理，赚了大钱。

一个成功的商人，也必须是一个深谙消费者心理的人，因为一个强大的品牌是对消费者的保证。宝马车宣扬"驾驶的乐趣";奔驰宣扬"高贵、王者、显赫、自尊";宝洁公司推出的"汰渍"强调"去污彻底";"大大"泡泡糖本身的名字就说明了这款泡泡糖吹泡泡很大……所有的这些都是品牌定位的功劳。

"老干妈"陶华碧就为了能够清晰地表达自己品牌的目的，所以她没有像董明珠一样，做了空调又做手机。"老干妈"的定位一直清晰准确，属于佐餐拌饭酱，如果它跨界经营"老干妈"手机，务必会给消费者产生意识的迷糊，再次吃饭需要调味品的时候，势必会左右为难："老干妈"是手机还是调味品？

据悉，涪陵榨菜集团的"乌江榨菜"推向市场后非常成功，后又频现大动作。先是推出"天价礼品榨菜"，600克的榨菜卖2000元，收效甚微；后又涉及休闲食品界，推出牛肉干和豆腐干。至于结局如何，据有关人士分析，榨菜属于佐餐调味品，跟休闲食品没有关联度，势必会影响消费者对产品的选择。

商业的起起伏伏，充满了诱惑也有美丽的陷阱，不够聪明的商家只看到了对方美丽的桂冠，看到对方胜利的果实灿若星辰，自以为能够轻而易举逾越自己和对方相隔的那条鸿沟，结果却掉进了淤泥里，自身难保。聪明的商人会立足于自己的花卉，在精心的栽培下，逐渐让它生长出耀眼的花冠。

陶华碧就是一个聪明的商人，她的成功是步步为营的固守和坚持，她不浮躁，不跨界，终于成为了业界老大。

上市圈钱论，小伙伴们都惊呆了

2014年，商战的硝烟滚滚弥漫，中国出了四位任性的企业家。他们的乖僻行为分别表现在：万达集团的董事长王健林花了十几亿做了一个慈善秀，完事后又去养猪（开办养猪场）；京东商城的创始人刘强东和网络红人奶茶妹妹牵手又分手，沸沸扬扬是为了京东上市；格力董事长董明珠骂完小米骂美的，几个品牌被她轮流指手划脚指责一番，海尔直接回骂：阿姨，不约，我们不约；还有一位最为任性的，和这几位侠客并列一起，这人就是"老干妈"陶华碧。

据悉，有官场人士劝说陶华碧率领"老干妈"辣酱上市，陶华碧直接回道："什么上市？这些鬼名堂，我对这些是憎的，我只晓得炒辣椒，我只干我会的。"

话是这么说，陶华碧并不愚昧，面对上市的汹汹潮流她也没有憎，甚至她比别人了解得更深邃。有媒体报道称，在企业削尖脑袋寻求上市的背景下，"老干妈"董事长陶华碧却特立独行，表示："我坚决不上市，一上市，就可能倾家荡产。上市那是欺骗人家的钱，有钱你就拿，把钱圈了，喊他来入股，到时候把钱吸走了，我来还债，我才不干呢。所以一有政府人员跟我谈上市，我跟他说，谈都不要谈！免谈！你问我要钱，我没得，要命一条。"

她就是一个如此耿直、泼辣的女子，说话毫不留情面。她不喜欢伪善和暧昧的表达，她撕下某些不良企业谋求圈钱的阴险用意，直接揭露"上市就是圈钱"，虽然她没有文化，可是却没有被猪油蒙心，不像其他企业家一样，说话掂量几分，想想哪句话不可说容易得罪人，哪句话可说给人留有面子。

生活中，我们会遇到很多这样的人，当面一盆火，背地一把刀。还有一类人，就是陶华碧这样的，直来直去，不拐弯抹角，虽然有时候说话有点不留面子，可是讲道理、不害人。这样的人，才是真正值得交往的朋友。

面对上市的诱惑，陶华碧说，上市，就是圈钱。当然也许有不少股民反对这句话，陶华碧只是一个农民企业家，怎么会知道上市是咋回事！实际上，陶华碧却是一个天资聪颖的女子，她能够用最直率的方式把一件很繁复的事情简单化。例如她的账目只有收货和走货简单的两个项目，所以她省去了其他企业不得不聘请的会计师、高级财务人员等方面的开销。

有个笑话是这样形容陶华碧的，一个投行的人去和"老干妈"陶华碧说："如果你现在有3亿利润，怎么也能发出100亿的市值。"结果老太太骂道："臭不要脸的，我就3个亿利润，去跟人家说公司值100亿？那不是骗子吗？"

陶华碧的目光是远大的，她不想因为上市这件事被众多股东掣肘，"老干妈"是她创建的，在这个领域里，她是真正的主人，她自己的决断才能决定"老干妈"的未来和走向。如果上市，确实融到资了，钱到位了，可是却可能会被其他大的股东所左右。各个大股东各有各的意见，最终可能是盘散。

陶华碧可不想让"老干妈"成为别人的"老干妈"，事实上，很多企业的迅速灭亡，就是在于某些股东见钱忘义，妄想一口吞吃个天鹅，走扩张和兼并之路，结果摊子越堆越大，无法收拾，再加上市场的变化，消化不了那么多库存，资不抵债，于是企业走向了灭亡。

陶华碧想做的是千秋大业，她不想让"老干妈"有一天塌方灭亡。所以她对子女说了再说："永远也不能上市，上市就是自灭生路，以后你们的子孙后代靠什么生活？'老干妈'要想长远，就自己办自己的，不融资、不上市，永远记住我的话。"

无独有偶，在茫茫商海，不止是"老干妈"不想上市，世界500强之一华为公司也是如此，华为是500强里面唯一没有上市的公司。其掌门人任正非曾明确表示，未来5至10年内，既不考虑上市，也不会进行合并、融资、收购等资本游戏。任正非在全球领先的金融公司摩根士丹利的首席经济学家访问他时拒绝会见，就是怕被忽悠。对方忧心忡忡地说："任正非拒绝的是3万亿。"任正非却回复说："如果是我的客户，哪怕是一笔很小的订单，我也会接见，可他们不是我的客户，我见他们干什么。"

任正非的意思是告诫自己的员工：企业不培养亲资本文化，而是培养亲客户文化。

任正非曾经说："科技企业是靠人才推动的，公司过早上市，就会有一批人变成百万富翁、千万富翁，他们的工作激情就会衰退，这对华为不是好事，对员工本人也不见得是好事，华为会因此而增长缓慢，乃至于队伍涣散；员工年纪轻轻太有钱了，会变得懒惰，对他们个人的成长也不会有利。"

可以说，任正非的聪明和陶华碧的固执，是有共通之处的。陶华碧担心的也正是任正非担心的，他们都希望企业由自己掌控，而拒绝多元化的经营模式。多元化固然可以得到大量的资本，可是这对于一个企业的凝聚力是有破坏作用的。而陶华碧的"上市圈钱论"也正是因她看到不少企业上市融到大笔资金后，并不好好经营，由于原股东、发行人会获得数额不菲的资金和收益，另一部分人就会不平衡。

一个企业类似于一个蛋糕，股票的作用无非就是将这个蛋糕的收益分成很多块蛋糕，让每个买蛋糕的人都得到收益。这个道理无可厚非，关键是关于这块蛋糕的决策权和收益权也进行了分割，以后就可能会出现企业上市后，一部分人滥用职权，得到了部分隐形收益，另一部分人会认为，凭什么你拿这么多？这部分人会妒忌拿钱多的，于是肆意挥霍，过度投资，甚至还有贿赂证监会、做假账的事情发生，所以"圈钱论"对于某些企业来说，是说到了根上。

  陶华碧在商场打拼多年，即使没有上市她也听到过圈钱的事件发生，而对于她来说，并不需要融资来扩大生产。众所周知，"老干妈"的现金流很充沛，从来没有人欠过她钱，她也不欠别人的钱，也就是说，"老干妈"不差钱，她有上亿的现金流，不论是扩建基地还是进原材料，都不用借钱，这种情况下，陶华碧确实是用不着上市的。陶华碧没文化，却是个明白人，她知道一旦上市，企业的决策权就不是自己一个人说了算。如果自己被架空，有钱赚，全体股东一起分；没钱赚，原始股东抛售原始股票兑现现金，剩下孤零零一个董事长负责承担后果，这样的事儿，陶华碧可不干。

  如果其他企业，也拥有陶华碧这样淡泊名利的心态，有着好的现金流，有强硬的产品，也可以很牛气地对市场说："我不需要上市！"

第七章

陶华碧

霸道女总裁的率性人生

宁可去碰壁，也不能只在家面壁。是狼就要练好牙，是羊就要练好腿。

什么是奋斗？奋斗就是每一天很难，可一年比一年容易。不奋斗就是每天都很容易，可一年比一年难。能干的人，不在情绪上计较，只在做事上认真。无能的人，不在做事上认真，只在情绪上计较！

改变从今天开始……

亲自尝试，放低姿态取得胜利

一个企业的成长离不开领导者的身体力行，离不开掌门人对基层最深入的把握。陶华碧虽然跻身于富豪之列，可是谁能够知道她经历的辛酸。在她经历的风风雨雨中，随便拿出一样就让我们震惊不已，望而却步。她却一步一步走了过来，当她蓦然回首的时候，已经白了头发，饱经沧桑的脸上有了岁月的褶皱。

还在为了生活拼命挣扎的岁月，陶华碧有一个小姑因病去世，临走留下一个儿子托陶华碧抚养。陶华碧把这个孩子视同己出，细心照顾。不料后来这个孩子被别有用心的人陷害，染上毒瘾，最后越陷越深，体力虚弱，一步步走向了死亡。这件事是陶华碧内心的隐痛，这个孩子曾叫过她"妈妈"，她就跟失去了自己的亲生孩子一样痛不欲生；在云关村，她每件事都力求完美，深恐被人埋怨，孰不知，她的善良也被人利用，经常有人拿着一条死狗或者一只死鸡，说是"老干妈"工厂的车轧死的，一条狗就要几千元；有一年"老干妈"扩大基地，想收买一户人家的宅基地，那户人家看"老干妈"生意越做越兴旺，故意开出了一个天价，陶华碧一咬牙，买了……

不得不说，陶华碧能走到今天，是真的很不容易。事业上，陶华碧近乎苛责地要求质量尽善尽美，每一次出锅的辣酱，她都要亲口尝试，才能断定能不能出厂。她不愿意让人家说自己的辣酱不好吃，因为质量不稳定是一个企业致命的弱点，某个时间段，辣酱好吃，过几天，得到消费者认可了，又把产品质量降下来了，这样伤害的最终还是自己。

"东洋之花"护肤品本来是江苏本地的知名品牌，它的"美白水润面贴膜"被国家食品药品监督管理局曝光含有超标禁用限用物质后，不得不下架处理，在沃尔玛、上海家乐福已经看不到这款面膜。虽然只是一贴小小的面膜，可是它影响的却是全局；"大个李"香辣酱和"老糖铺子"椒盐麻花被北京市食药监局曝光，它们存在的质量问题都是过氧化值超标。过氧化值超标会造成食品的氧化加快，产生"哈喇味"，更为严重的是，会导致肠胃不适、腹泻并损害肝脏。这些都是企业把握不好质量关造成的。

陶华碧早就懂得把好质量关的重要性，如果顾客从辣酱里吃出不一样的"老干妈"味道，会导致"老干妈"名誉受到严重的影响。所以每件事她都事必亲为，为了保持味蕾的敏感度，她平时不敢吃油腻和口味重的饭菜，她平时总预备着一杯凉白开，辣酱做好后，她喝一口白开水，嘴里没有了任何味道，才舀出一点辣酱，亲自尝试。因为长年尝试辣酱，她的口腔溃疡很严重。有一次面对记者的访问，她想起自己受的苦，止不住哭了。她说："我有钱了，可是你知道这是什么代价换来的吗？你知道我是多么羡慕你吗？你们都能正常地吃饭，我现在唯一的愿望，就是吃碗真正的饭，这两年，我由于尝辣椒的口感，我嘴里上火，溃疡，被烫伤，从来没有好过。那种辣得生疼生疼的感觉只有我自己知道啊！牙齿红肿得不能吃东西，每天只能喝稀饭，我现在喝稀饭比喝中药都难受！我苦啊！我想吃饭，我也是正常人啊！"

陶华碧的经历让在场的记者都忍不住流下眼泪。一个没有政治背景和物质资本的女人，能把生意做大做强，是多么不容易。吃得辣中辣，方为人上人，她已经用身心尝试了人生的苦辣酸甜，她还要亲自尝试辣椒的辣味够不够辣。上天好像把所有的苦都给了她，她不畏惧、不躲避，勇敢地迎接挑战，终于把"老干妈"发扬光大。

新东方的董事长兼总裁俞敏洪曾经说，做英语培训最主要的就是搞定学生，而不是老师；陈轩卖饮料最为关键的是客户买走你的饮料而不是包装好看；滴滴打车最关键的是搞定打车的人而不是司机……陶华碧所做的，就是搞定吃辣酱的人，为了达到搞定消费者的目的，她只有把自己当成消费者，亲自尝试，自己尝试的口感最为保险，味道最为地道，直接和消费者的体验挂钩，搞定了消费者，就是搞定了市场。

北京有一家饭店开张，聘请厨师时颇费了一番脑筋。为了从众多应聘者里挑选出做饭味道最好的厨师，饭店掌门人让几个厨师团队各拿出自己的一桌菜，让大家亲自品尝、判断。这一招可以说是既公平又让人心服口服，大家在品尝的过程中，终于选了一位口味最地道最让人叫绝的厨师。在大家的颂扬声中，这位川菜口味的厨师留下了。以后这家饭店果真开得很兴盛，他们抓住了"顾客亲自尝试，才能判断好不好吃"的方法，终于在北京做出了一片天地。如今这家饭店已经开了三家分店，每一个分店都是延用"顾客尝试"的方法选择厨师，至今他们的生意非常兴隆。

2015年10月5日，获得诺贝尔医学奖的宁波籍药学家屠呦呦，84岁高龄，耄耋之年的她终于摘得诺贝尔医学奖。在这之前，她为了提取治疗疟疾的青蒿素,进行了无数次实验,碰过了无数次壁,熬过了无数次不眠之夜,最终发现青蒿的梗里根本没有青蒿素,叶子里才有。于是她和同事们又进行动物实验,动物实验成功后,她又在自己身上实验药物的毒性,用酒精没效果就用乙醚试,然后又在自己身上做化学结构实验……每每回家,她身上都有一股实验带来的酒精味,而因为长期亲身试验,她得了中毒性肝炎……

成功的人其背后都有常人难以忍受的苦痛。如果自己不亲身尝试,怎么会有"会当凌绝顶,一览众山小"的胜利姿态?屠呦呦和陶华碧都是成功的女人,一个在医疗界取得了胜利,摘得了桂冠,一个在商界叱咤风云。两个女人胜利的道路都是艰难的,一个得了肝炎,自己身体受了损坏;一个口腔常年溃疡,最大的幸福就是能正常吃一顿饭。事业的成功不是偶然,而是几百次的失败,几千个不眠之夜……

陶华碧用辣作舟,以苦为帆,终成霸业。

我卖的是味道,不是包装

众所周知,"老干妈"的包装一直没有什么变化,延续了近20年的广口瓶型,瓶贴一直是陶华碧的肖像,两边的文字框大部分采用尊贵的黄色,显得质朴端庄。就是这样一个普通的包装,在日新月异的今天,陶华碧从来没想过要更换。当有人建议她,既然"老干妈"走出国门了,你应该换一个比较洋气的包装。她却说:"不换,我卖的是味道,不是包装!"

实际上,给"老干妈"提出修改包装,重新修改设计方案的,不止一人。在20世纪初,"老干妈"最初打入市场的时候,在南方走的比较顺畅,以每个月20%的销售递增,可是在北方市场销售并不理想。陶华碧询问过公司决策人以及策划机构,她说:"为什么我这个'老干妈'雷声大雨点小呢?北方人人都知道我'老干妈',可是市场就是打不开,这是为什么呢?"

经过"老干妈"的经营部门进行调查,才发现,"老干妈"在河南等地知名度很高,但是却没有多少销量。"老干妈"摆进了大卖场,沃尔玛、家乐福等超市都能看到它的身影,可是销售额就是很难得到改善。经过"老干妈"的团队卧底调查这些超市,他们发现,原来是没有促销员引起的。

我们每个人去超市时候,都有过这样的体验。当你想买什么东西的时候,总有一个促销员给你推荐他的产品,并且把他的产品说得天花乱坠。最初我们还以为这个促销员是超市的员工,因为他们的衣服着装和超市其他人没有区别,后来我们才知道,他们的工资并不是超市发放,他们属于推销厂家,每销售一件产品,有部分提成。他们的工资是保底工资加提成,卖得越多,提成也就越多。所以他们会卖力吆喝自己的产品,并且贬低其他商家的同类产品。陶华碧从最初打进市场,就没有用过促销员,这就造成北方当地辣酱品牌死守终端,拦截终端,"老干妈"的客户被其他辣酱的促销员给"忽悠"走了,转而去购买他们的产品。在其他种类的辣酱产品里,河南当地的产品"桃园XX"凭借在当地的名气和霸气,将当地大卖场所有的终端都截流了,外来的辣酱产品根本进不去,北方的其他几个市场亦是如此。陶华碧遗憾地说:"弄了半天,我努力打知名度,努力找大的经销商,努力铺货,最后知名度上去了,却原来被别的辣酱给抢了市场，替别人在'养孩子'！"

陶华碧不信邪，她想，这个办法一定能解决。她对下属说"失败不是成功之母，失败后的总结才是成功之母"，既然对自己的产品心里有底，又不怕质量被投诉，就得研究"桃园XX"是怎样抢占市场的，只有把这个问题解决了，北方市场就可破。

为了解决北方市场的问题，"老干妈"的团队"潜伏"市场后发现，"桃园XX"派有专门的促销员，在超市终端拦截客户。当有人拿起"老干妈"辣酱的时候，他们会巧舌如簧："你好，你买辣酱吗？你拿的这瓶（'老干妈'）名气是很大的，就是包装多土啊！里面的东西黑乎乎的，要不你看看这瓶（桃园XX)，包装好看又上档次，就是过节送人，都不掉价。虽然价格高了一点，也就一两元的事儿，看着好看，也体面。"往往这些促销员都是身经百战，很会察言观色。即使最初想买"老干妈"的顾客，最后被他们一忽悠，也就去买他们推销的辣酱了。

陶华碧是个急性子，听"卧底"回来的工作人员这么一说，简直气得不行。可是又有什么办法呢？怎么也不能去骂别家的促销员一顿吧。

陶华碧召开了部门会议。当时老干妈风味食品有限公司的总经理是谢邦银，办公室主任是王武，负责销售的各个部门主管在会议上各抒己见。除了对"老干妈"的营销做出改进，还特意指出了自家的辣酱包装问题。

第一条改进意见为"改进包装"。

陶华碧一听就提出了反对意见。她说："换包装是不是就得涨价？现在的包装土？换个上档次的，肯定会增加成本，成本一提高价格就得涨，这办法行不得。"

部门主管一看老板陶华碧不同意，就想别的招。于是第二条意见出来了："要不我们也上促销员？"

陶华碧又否定了。她说："不行不行，羊毛出在羊身上，上了促销员，一个月的工资都得从消费者身上提出来，这样一来务必要涨价。我的辣椒100%都是真料，每一块牛肉，每一条鸡肉，都是指定供货商提供的，绝对没有一丝杂质，每瓶辣酱我就赚几毛钱。促销员一上，我不涨价就得亏本，涨价了其实还是那瓶辣酱，对消费者是一种损害，我不能伤害消费者，他们是我的衣食父母。"

这一下"老干妈"的团队面面相觑。即不想多花成本，又想增加销量，空手套白狼，陶华碧这不是难为自己的下属吗？

陶华碧也陷入了深思："我卖的是味道，不是包装，如果改换豪华包装，上促销员固然能增加一定的销量，可是消费者并没有得到应有的实惠，多付款只是得到一个好看的包装。酒香不怕巷子深，只要我的辣酱好吃，总有一天消费者会认可我的。"

陶华碧主意已定，她说："'老干妈'奉行的是好吃又便宜的原则，我们不能为了漂亮的外表自己砸了自己的牌子，既然人家说我们的包装土气，我们就拿土气当特点卖。"以后的日子，陶华碧坚持自己的老主意，不搞促销不换包装，力求便宜实惠，又增加了几个延续产品，在此基础上，她通过媒体对外呼吁："我的包装只花3毛钱！"

此后北方的市场开始接受"老干妈"，认为它确实不错，经济实惠，既可以当调味品，又可以当佐餐拌饭酱，用途极广。"老干妈"并没有因为包装土气而失去市场，反而因为它的"土气"形成了自己的特色，让人们认识到了它土气后面的实惠，于是销量大增，北方市场终于被打开。

事实上，现在很多企业也开始摒弃了花花绿绿的包装，转而主打"实惠"路线，并且取得了成功。最有代表性的就是近年来"工厂店"（Outlets 奥特莱斯）的兴起，规模小一点的有各种各样外贸尾货店、品牌折扣店；规模大一些的有NIKE、ADIDAS工厂店。这种工厂店以超市形式购物，一般开在工厂的隔壁或者工厂的楼上，也有独立开店的，但都离着自己的工厂不远，房间里的装修比较简陋，但是堆放得比较整齐，进去后有到了"库房"的感觉。

因为工厂店的货品比较便宜，一般情况下，上柜两个月以后的服装，三个月以后的鞋子都属于过季商品。这些商品就是工厂店的主打产品，有一定的折扣，比较实惠。在欧美国家，类似的工厂店比较多，在我国，工厂店刚刚兴起就有了固定的消费者，因为它采取的是工厂直接到消费的销售模式，据说工厂店最初的雏形是欧美工厂库存的过季、断码、下架的商品，堆在工厂旁边的屋子里降价出售，此后逐渐形成自己的风格，以简陋的包装卖高档的精品。虽然属于过季的了，可是消费者趋之若鹜，就图它实惠便宜。鞋子的保质期和食品类不同，过季的东西质量并没有多大变化，依然可以穿好几年。

工厂店的兴起，就是以简朴的包装出售实惠的商品，这一点和"老干妈"的经营之道不谋而合。实际上，你的商品是不是物美价廉，只有消费者的心里面是最清楚的。你给了他实惠，他以后还会想着你的好，下次还会购买你的商品。日子禁不住细水长流，长此以往，土气的包装也会带来大的利益。

做事不过夜，得什么也得不了拖延症

陶华碧有一个古怪的脾气，她自己都说自己脾气不好，但我们知道，她心肠是好的。她性格有点外向，和朋友在一起也是有说有笑的，可是另一面人生的她，却也是辛苦的，她有一种近乎苛责的倔脾气，从不放松自己，即"做事不过夜"。

一个成功的企业家，首先的一条就是不能当一个懒人。他必须严格要求自己，即使如此，能在波涛滚滚的商业激流里保持不退就难能可贵了。陶华碧吃住在工厂，当天的事情必须当天解决，陶华碧说："我不能欠别人的钱，别人也不能欠我的钱，这样我睡不着，心里不踏实。"正因为陶华碧有这种不同于其他商人的"倔脾气"，她才把企业经营得稳定踏实，从未发生资金链断裂的情形。

在"老干妈""做事不过夜"的强硬作风之下，公司各项制度从未打破。或许也正是依赖其口碑营销、一手交钱一手交货、不跨界投资的"老土"路径，"老干妈"才得以步步为营，称霸一方。

沃尔玛是世界上最大的商业零售企业，从1962年开办了第一家连锁商店，1970年建立起第一家配送中心后，便走上了快速发展之路。1999年全球销售总额达1650亿美元，在世界500强中排名第二，仅次于美国通用汽车公司。2000年，公司销售总额达到1913亿美元，年均增长率达到22%，年均销售总额净增长近160亿美元左右，不愧为全球"零售业大王"的称号。在美国《财富》杂志的全球富翁排名榜中，沃尔玛的老板名列第一。要说沃尔玛有什么经营秘诀，那就是它非常重视"口号与行动的一致性",他们有一条严格的规定,即"日落原则"。

"日落原则"是沃尔玛公司的标准准则,指的是今日的工作必须在今日日落之前完成,对于顾客的服务要求在当天予以满足,做到日清日结,决不延迟,不管要求是来自小乡镇的普通顾客,还是来自于繁华商业区的阔佬。

"日落原则"起源于公司创始人山姆·沃尔顿的名言:"如果你今天能够完成工作,为什么要把它拖到明天呢?""日落原则"已成为公司企业文化的重要部分,也是沃尔玛在顾客服务方面倍受赞赏的重要原因。"日落原则"的核心就是"立即服务",这一原则是与尊重个人、注重顾客服务及精益求精的信念一脉相承的。顾客生活在一个日益繁忙的世界里,各人都在为各自的生计忙碌着,"日落原则"能够体现出沃尔玛时刻为顾客着想的经营宗旨。

一个企业相当于一个团队,创始人的战略能力始终重要,因为团队领导者就是企业的灵魂。他的价值观和他的经历经验,行事风格,都会通过他怎么做事,他选择什么样的合作对象,他能不能正常运转这个企业,他处理问题的方式表现出来,由此慢慢形成企业的风格,构成具有他自己性格烙印的企业文化形式。当然,企业家如果能够自我更新快速适应这个日新月异的社会,未尝不是一件好事。但是如果他性格绝对成熟,具有强大的决断力和强悍的个性,对于一个企业的稳定来说,也是有重要意义的。

考察一个企业,第一要考察此企业家的战略思想,对竞争格局的理解,设想的战略路径;第二就是看其搭班子的能力,即团队里面有没有一批优秀的人才追随这个企业家。陶华碧从困境中突破,从逆境里崛起,正是因为她有一股子倔强的劲头,她站在一个比别人低的起点,用一生在诠释"奋斗"的意义。

正因为她做事踏实,是认真做企业的领班人,所以她的金钱观念极强,对财务上的现金支付与收入极为重视,从不拖欠,也不允许别人拖欠。她鄙视那种三角债的商业关系,她以自己朴实的思想来看待"融资""上市",认为那些都是拿着别人的钱进行"忽悠",是一种危险行为。如果一个企业自身能力不够,她宁愿做小买卖小生意,也绝不"借鸡生蛋"。

企业也有孵化发育的过程,在此期间,企业从小到大在不同阶段会有不同的人进来,企业家驾驭这样一个团队,必须要有自己独特的独挡一面的个性,才能使自己的企业经历风雨,健康成长。陶华碧从小在人数众多的家庭环境长大,家境贫寒,铸就了她顽强活下去的性格动力,此后她依靠这种能力领导着自己的企业,她的风骨,她的意志力的坚定,她的坚韧都使得"老干妈"在遇到困难时不畏艰难,顽强拼搏,杀出了一条血路。

实际上,做生意的企业尤其是私营企业,就是在商界里杀出一条血路的过程,只有拼出去了才是老大。做生意不是温情脉脉坐着就可把生意谈成,做生意需要有一种强悍的个性,不被忽悠不受欺骗也不欺负人的特性,华为曾经倡导的"狼性文化"就是在鼓励人们去竞争,哪怕拼得头破血流,只要没有倒下,就得战斗。

在逆境中成长的陶华碧,就有一股不服输的劲头,她奋斗出了一个绝地反击的故事。这故事不是一个水到渠成的童话,这故事是"有志者,事竟成,破釜沉舟,百二秦关终属楚";这故事是"苦心人,天不负,卧薪尝胆,三千越甲可吞吴"。曾有不少书籍摆事实说道理,讲人生哲理勾画人生蓝图,并时不时拿李嘉诚、刘永好、张瑞敏等人做例子,教人如何远见有卓识。实际上,做生意这件事并不复杂,陶华碧在从事辣酱生产之前,做过多种生意。商界的变幻莫测给了她经验和教训。不管有多么忙，她有一种个性一直没变，即：当日事当日毕。

实际上，做生意是需要头脑的，世界上任何人都能做生意，有的人赔得血本无归，只有跳楼的份儿；有的人却从最小的做起，逐渐成为百万级千万级富翁。其中的分别不一定是文化的分野，做得好的人有很多并不是大学毕业，他们之所以成功，就是具有生意人的几点特质：生存第一，赚钱第一，有赚钱的点子马上就去做，不好高骛远，当日事当日毕等特点。

曾有专家总结了生意人的三大特征：

第一，做事不过夜。对每一天的生意进度、利润以及拓展业绩，每一项都悉数把握，完美得近乎苛责。这一点是每一个成功的企业家都具备的。很难想象一个拖延症严重的领导者会获得成功。

笔者曾有一位朋友租了一截柜台做纽扣等小生意。每卖出几颗扣子，他都拿出账簿记在上面，哪怕只有一元钱，他也不放过。每天下班前还要拿着账簿细细对账，然后把当天盈利的钱一分不差都存进附近的银行。最初我觉得他有点过于认真，有时候一天的进项只有十几元钱，他也去存银行，风雨无阻，一天也没拖延。直到几年后，看到他又开了一家花店，开了一家家具城，有了豪车豪宅，他依然保持着每天记账，下班前算账目，然后当天盈余存银行的良好习惯。此时我才猛然醒悟，他这种当日事当日毕的精神，的确是生意人必备的优良品质。

第二，计算的能力，即能够在短时间内快速算出自己的利润。生意人独特的对金钱的敏感让他对临近的危险有一种天生敏锐度，这种计算能力让他能够马上止损。

第三，钻营的能力。俗话说干什么吆喝什么，你指着哪一行吃饭，就得把这一行研究透彻。曾有一个人做医疗代理，他很细心地研究药物成分和用途，不厌其烦地看药品说明书，后来只要有人说他得了什么病，此人就能很快报出药名，堪称一个经验老道的医生。他吃住都在办公室，一天到晚就钻营研究自己生意上的那点事，乐此不疲。有一年他要印刷海报搞宣传，3000元行价的印刷费，他不厌其烦地找了15家印刷厂报价，最后将价格压低到2000元印刷出来。在和这15家印刷厂谈判时，为了压低宣传成本，他已经将印刷每一个环节都钻营研究透了。而做小生意时节约的每一分钱都是利润。他身边的人谈到他时只能自叹不如，觉得这钱就应该是让人家赚的。

不管你有没有文化，只要你具有了生意人的这三大特征，希望的曙光就在你前面不远处。

奖你一辆轿车，说到做到

成功的企业家之间，总有一些相似相通的地方，相对于普通人，他们又有不同于世人的禀赋，这即为"个性"。格力的总裁董明珠，长相也没出奇之处，只是一个普通的中老年妇女。可是她天生的霸气让她成为人们瞩目的焦点，她的想象力和胆量也出奇。她曾发高论："格力手机的二三代的产品已经快要面世，而格力手机第二代产品将会是世界一流水平，格力还会出品五六千元的高端手机。""二代机不会跟小米比,以后要比拼的是苹果,格力二代机要秒杀苹果。"听着这位已经 60 的"大妈"童稚的话语,我们不禁莞尔。难怪人们戏谑 60 高龄的董明珠为"董小姐",就是觉得这个女人充满活力和斗志,不像一个中老年大妈。

比董明珠才大 7 岁的陶华碧,其强悍霸气比起董明珠有过之而无不及,她行事果敢有风度,办事磊落不拘小节。21 世纪初期,正是"老干妈"打入南方市场的黄金阶段,"老干妈"的一个广州销售商把年销售额定在了 3000 万元。固然在当时"老干妈"麻辣酱销售势头不错,可是如此高的额度依然让人觉得有点不可思议。陶华碧听了销售商夸的海口,半开玩笑地说:"你如果真的完成 3000 万元,我奖你一辆轿车!"销售商当时也没放在心上,他知道陶华碧平时节俭惯了,平时坐车都是乘坐公交,去税务局交税,舍不得到外面饭馆吃饭,自己带两个馒头。她已经事业小成,却依然保持着艰苦朴素的作风,很少见她买什么贵重的东西,此时陶华碧提出他如果完成任务,给他买辆轿车,他不怎么相信。

到了年终,这名销售商竟然真的完成了 3000 万元的任务,陶华碧在年终大会上宣布:"我说过的话如泼出的水,我会为我的话负责任的,今年 XX 完成了 3000 万元这个天文数字的任务,我就应该奖他一辆轿车。"最初人们还觉得不可思议,当时还是 21 世纪初,有车的人还很少,陶华碧力排众议,奖励了这名销售商一辆捷达轿车。其他销售商都感叹:"陶老板这人别看是个女流之辈,却值得打交道,说到做到,比爷们还爷们!"

陶华碧的诚信表面上虽然让她损失了一部分钱财,可是却赢得了良好的声誉,这种声誉为她带来更大的收益,此后销售商们再接再厉,为"老干妈"

打开全国的市场立下汗马功劳。据悉，在21世纪初，那个百万富翁还很少见的年代，"老干妈"的销售商就已经有了不少千万级别的富豪，他们低调而踏实，在"老干妈"的团队里兢兢业业。陶华碧也信守承诺，自己挣钱的同时也把利润还之于这些立下汗马功劳的"功臣"。陶华碧的经销商都要交付2千万至3千万的定金才能够代理，即使如此巨大的数额，销售商们挤破了脑袋也想去代理，交钱也很痛快，他们知道，跟着陶华碧干，回款没问题。

诚信让陶华碧赢得了好声誉，也尝到了甜头，这使她更加把诚信经营当作企业发展的法宝。她自信地说："我不懂什么时髦的管理方法，我就靠诚信，我要诚得别人不忍心骗我！谁要是骗了我，别人会说'你连她也骗啊！'以后这人就难于在同行中立足。"

沃尔玛是一家美国的世界性连锁企业，如今已经成长为世界最大的连锁零售机构。创始人山姆·沃尔顿就是一个善于处理员工关系的老板，他给公司制定了三条座右铭，其中一条即"尊重每一位员工"。他还总结了事业成功的"十大法则"，这十大法则是：（1）忠诚于你的事业；（2）与员工建立合伙关系；（3）激励你的员工；（4）凡事与员工沟通；（5）感激员工对公司的贡献；（6）成功要大力庆祝，失败亦保持乐观；（7）倾听员工的意见；（8）超越顾客的期望；（9）控制成本低于竞争对手；（10）逆流而上，放弃传统观念。这十大法则中有七条是讲员工关系的，可见沃尔玛把员工关系放到何等重要的地位。

如果说企业是一栋大厦，那么员工就是大厦的基石。只有让基石踏踏实实地为企业出力，大厦才不会倒塌。企业领导者能做到对员工诚信，信守承诺，该奖励的时候就应该奖励。如果说好的做不到，就会让员工寒心，以后工作起来就会失去积极性。格力的霸道总裁董明珠对此也深有体会。她不止一次提到，一个人必须要有诚信，诚信是一个人的立足之本。诚信会让一些人失去一些利益，但是会让人得到更多的东西。

岁月对于女人是无情的。21世纪初，陶华碧已将近50的年纪，彼时她还有着乌黑的头发和蓬勃的干劲儿，她奖励销售商轿车的行为，实在让人对这个平凡朴素的女人刮目相看。说出去的话泼出去的水，一个领导者只有言而有信，才能够树立威望，让下属心服口服。

"奖励轿车"这件事发生在21世纪初。彼时的陶华碧一边用物质鼓励超额完成营业额的销售商，一边努力在攻打南方调味品市场。那个年代的"董小姐"董明珠却在和家电连锁零售行业的龙头老大国美轰轰烈烈地"干了一架"。国美为了占领市场，私自对所售的格力空调大幅度降价，这种行为严重损害了当地既成价格体系，引起其他经销商的愤怒和抗议。格力的总裁董明珠要求国美赶紧止损，恢复定价。

国美仗着自己是销售界的老大，要求绕过格力的各省一级销售子公司，直接从格力公司拿货，这样会让自己占取价格的优惠，要求格力表态。董明珠当时作为格力总部的部长，并不乐意这样做，她认为如果给国美开了先河，势必造成其他家电零售商的不满，不公平待遇将会让格力失信于其他零售商。董明珠权衡利弊，依然认为"失信"大于"失去国美"，固然失去国美将会导致自己的销售受到一些影响，可是却会赢得其他经销商的尊敬。运筹帷幄下，董明珠发布宣言："国美与其他一级市场家电零售商一样，我们对其一视同仁；如果按国美要求做，不但扰乱了格力的市场价格体系，而且严重损害了其他家电零售商的利益。"

国美总部看格力不给面子，也大动肝火，于是给各地分公司下达了清理格力空调内存的通知。格力也决然凛然地从国美撤了专柜，和国美彻底决裂。虽然国美不卖格力空调了，可是由于董明珠保全了"诚信"，这一举动得到了其他经销商的尊敬。在各地经销商的努力下，当年竟然实现了销售的大幅度增长。

由此可见，"得诚信者得天下"这句话并不为过。

我是给你们打工的

事业成功、苦尽甘来后，每一个企业家都有着放松自己的各种爱好。有的人喜欢去打高尔夫，绿茵场青草地释放自己的心情，例如马云，他说："高尔夫球的乐趣一定要与朋友分享，独自一个人在人生地不熟的球场孤独挥杆是可悲的。打球时可以边玩边聊，成绩如何我不太介意，重在掺和。"有的人喜欢跑步，例如万达的董事长王健林宣布，万达接下来主要的任务就是要把"跑步"这一号称世界极限运动放在中国广泛传播；陶华碧却爱好打打小麻将，她的几个牌友都是附近相邻的人。小麻将可以娱情，放松常年紧绷的神经，周围的人也觉得奇怪，既然这么有钱了，何不去澳门等地玩大的？

陶华碧是一个有原则的人，她知道这一生虽然一直在和命运赌博，但是走的路却没有多少风险，她一步一步走得扎实、稳当。当她爱人患病，家境贫寒，她远赴广东打工时，她没有想到自己有一天会登上胡润全球富豪榜，她只是想多挣些钱补贴家用；当她爱人去世，她在街口卖菜期间，她也只是有小小的心愿，卖菜的钱够得上两个儿子的花销；在她开饭店期间，她也只是想着给儿子挣出读大学的学费；开辣酱工厂，最初只有40人，她的心思也不过是多挣点钱，以后给两个儿子娶媳妇、买房子。可以说，她从没有过分的想法，她的目光并没有励志书上讲的那样，最初就怀有一个远大的目标，不停地奋斗奋斗再奋斗……事实上，很多的励志书籍，为了让人鼓起发奋的勇气，都在声嘶力竭地鼓舞人，不切实际地向着远大的目标努力，实际上，在每一个企业家最初创业的时候，并没有想到自己创立的公司会发展如何壮大，只是他们一步一步走得扎实，走得妥帖。

因为没有不劳而获的奢求，所以陶华碧的麻将打得也极为娱乐，一天下来，只是几元钱的输赢，只当是一个娱乐而已。她极为想得开，看得开，知道赌博这事沾不得，一旦沾上，往大了说就能倾家荡产。她有原则，有底线，每次都玩很小的棋牌，输赢是个乐子，只是放松大脑，娱乐一下心情而已。

有一年和几个牌友打牌期间，有人问她："你赚了那么多钱，几辈子都花不完，还这样拼命干什么？"陶华碧当时没回答上来，晚上她躺在床上翻来覆去地想这个问题，几乎彻夜未眠。

第二天，正赶上公司召开全体员工大会。按照会前的安排，作为董事长的她要给员工们讲一讲当前的经济形势，如何应对"入世"后的挑战，然后具体工作指标由总经理下达。

按照陶华碧在公开场合发言的惯例，李贵山已经为她拟了一份讲话稿，陶华碧听了三遍，几乎就能一字不差地背下来。

但在会上讲话时,她突然想起昨天那个问题,就转换话题了:"有几个老阿姨问我,'你已经那么多钱了,还苦兮兮地拼哪样哦?'我想了一晚上,也没有想出个味来。看到你们这些娃娃,我想出点味来了:企业我带不走,这块牌牌我也拿不走。毛主席说过,未来是你们的。我一想呀,我这么拼命搞,原来是在给你们打工啊!你们想想是不是这个道理?为了你们自己,你们更要好好干呀!"

会场沉寂几秒后,响起热烈的掌声。

是啊,每一个企业家在走向巅峰的时候,都会扪心自问,钱有了,房子有了,豪车有了,企业产值三辈子都花不完,自己还如此辛苦打拼,到底图啥呢?看看自己的下属们,自己手底下的员工们,他们依然在辛苦地工作,这些成功的领导人会幡然醒悟,原来自己一直在为这些下属打工!如果自己关了企业,去别墅享清福养老去,这些员工的生计就成了问题,他们还要重新找工作,重新去奔波,这些员工跟着他(她)出生入死,已经跟随多年,有的已经上了一定的年纪,如果重新投入洪波滚滚的市场上去和年轻人竞争,势必会难堪和尴尬,甚至会没有人录取他们,只要自己的企业在,他们的饭食口粮就在,自己的企业就是他们的希望,企业不倒,他们的生活就有奔头,人生就充满希望。

所有的企业家,家产达到千万上亿的时候,都会有这样的感慨。自己不缺吃不缺穿,几代花不完的资金,到底还在忙乎什么。后来他们想通了,不再图挣多少,不再为资金的积累而欣喜若狂,他们图的就是这些工人们的生活有依有靠,工人的吃喝拉撒都指着公司,企业不倒,工人的人生轨迹就不会很艰难……

每一个老板也是血肉之躯,他们的心也是肉长的,他们知道市场竞争激烈的今天，找到一份稳定的、有保障的工作多么难。他们不能眼睁睁看着跟随自己多年的下属重新去投入市场里辛苦奔波。他们也不想看到自己的企业溃散后，属下"无家可依"，他们只有继续运转这个企业，他们对自己的公司有着深厚的感情……

事实上，每一个成功的企业家都有一肚子苦水，很多领导者在日常生活方面，吃穿用度不如职员潇洒，甚至被人说"抠门""做什么都要计较"。我国78%的企业家都是从改革开放后依靠政策发财致富的，他们最初的时候和陶华碧一样，家里都比较穷困。新希望集团董事长"饲料大王"刘永好20岁之前没有穿过一双像样的鞋子，没有买过一件新衣服，17岁去了一个"兔子都不拉屎"的地方插队，一天只有一角四分钱的工分，在这样的环境下，他工作了4年多，日后他回忆起这段知青的生涯，感慨地说："我当了4年零9个月的知青，我觉得非常荣幸，因为这段经历锻炼了我的意志，锻炼了我的心态，锻炼了我的身体。在农村能够学到很多东西，使我了解了中国农民，了解了中国市场，懂得了艰苦创业，我觉得这是非常重要的一课，是一定要上的。"

当刘永好成为中国百富榜的第二十名、四川首富时，他的一身着装依然只有几十元，他不喜欢穿西装，他最喜欢吃的依然是麻婆豆腐，他的发型依然是几元钱就可以理的自然式，每次坐飞机都是打折的机票。刘永好成为巨富后，看起来有点抠门，实际上，不仅仅是刘永好、陶华碧，很多的老板表面上是千万富翁、亿万富豪，他们的内心因为长期生活在成本和利润之间，每花一笔钱，自然而然就会细算。商品经营本来就要精打细算，何况当了老板，就等于是自己的长工，不管生意好不好，收入高不高，老板都得扛着。在一个企业里，老板就是一棵树，员工就是树的枝干，不管竞争多么激烈，资金多么紧张，不管有多么大的风险,在"你方唱罢我登场"的滚滚商潮中,老板不管内心多么烦恼,表面上都得坚持屹立不倒,给员工以依靠。老板这棵大树,照顾着树下的一家大小,树好树坏,总有个栖息的地方。

深圳作为闻名遐迩的商业城市,曾经有数千家玩具厂,现在只剩下了几百家了。3000多个破产的老板们,他们有什么凄凉的心境?有人动不动就投诉血汗工厂,你可知道一笔订单的利润多么可怜?

工人为老板打工,老板也为了员工而打工。曾经是员工会跳楼,现在是老板跳楼。曾有过玩具厂老板说,这一行不好干,拿不到订单是死,拿到订单也是死。

一个企业的创立很不容易,作为企业领导,他冒着非常大的风险经营生意,为员工营造一个"谋生"的平台,不是给员工打工是什么?和当老板相比,只做一个打工者,关系就比较简单了,因为打工者面对的只有老板和自己从事的工作。给多给少老板自有他的价值观,合适就干,不合适就算。许多人一与老板发生问题就说老板"黑",而且认为"天下乌鸦一般黑",他们从来就没想过自己在哪儿出现了问题。他们从不试着换位思考,站在老板的角度想一想。倘若公司经营不善,破产了,倒霉的只有老板,员工的工资一分也不会少,他们还有机会去别的公司找工作,而老板也许就会从此一蹶不振,甚至负债累累。

深圳的一个老板说:"这几年啊,不过是为国家交了点税,为政府解决了些就业机会,自己还欠了一屁股债。不干还不行,只有硬着头皮继续干。"

这句话道出了大多数老板的实情。员工也要心存感恩之心,如果有一天你另谋高就了,离开的时候一定要感恩,感谢曾有一个老板在某个时间段照顾过你,收留过你,让你不至于落魄街头,他的收留毕竟带给过你一些温暖。

第八章

陶华碧，一个商人的头脑风暴

陶华碧

弱者的逻辑为：总是在自己感觉最糟糕的时候，辞职离开，寄希望于环境的改变能给自己带来点儿什么；而强者的逻辑为：总是在自己感觉最好的时候，辞职离开，寻求更高更远的天地。这就是强者和弱者的区别。

　　你不努力，永远没人对你公平；等你努力了，能力得到了提升，有了话语权，能够对环境说不的时候，你就是天地间大写的人。

能不能当老板，就看你有没有商业直觉

2015年有一件事特别火，一位叫罗天昊的人写了一篇《别让李嘉诚跑了》的文章，立刻火遍经济圈。罗天昊批评李嘉诚在中国经济的敏感时刻不停地抛售在中国的资产，并且做出旗下公司全部外迁的举动，说这是过桥抽板。此事沸沸扬扬之际，官媒也发表文章，对李嘉诚的撤离说出了"与其挽留不如目送"的话来。更有不少专业人士分析，李嘉诚的"撤离"可谓是商人的逐利本质驱动而已。纵观李嘉诚的每一次大的"动作"无不带着精准的直觉，在别人还懵懂的时候，他就舍得大手笔跟进。不得不说，李嘉诚是一个直觉能力极强的商人。

究竟什么样的直觉是对的，什么样的直觉是错误的？归根结底，还是和自己平日的积累分不开的。曾负责广东、海南省"老干妈"总代理的花铁贸易公司副总经理林先生说，"老干妈"陶华碧这个人，相信自己的直觉，她认准的事，八匹马也拉不动。她不想去做的事，就是许诺给她多少钱，她也不去做。当年一些银行机构看中了"老干妈"这块肥肉，千方百计拉拢"老干妈"的创始人陶华碧，想让陶华碧贷款经营。但是去了多少银行业务员，都铩羽而归。据"老干妈"内部人士回

忆，这些年来受到"老干妈"亲自接待的投资机构只有两家，这两家机构都是先赴当地，然后直接由政府部门的人引见，但陶华碧均回绝了其洽谈的要求。

尽管政府出面说和，陶华碧依然一心一个老主意，不借款、不融资、不上市，这"三不政策"是陶华碧的主心骨，不管别人说得多么天花乱坠，或者给她讲科学道理经济理论，希望她改变思维，陶华碧依然相信自己的直觉。她的直觉告诉她，借贷的目的是把摊子铺大，扩充辣椒基地。她不愿意借钱搞这些，有多大本事做多大事，等到自己有了资金再去搞大的，没钱借款，一旦生意不顺利，赔了钱，借的钱要还利息，到时候会手忙脚乱，拆东墙补西墙，生意还怎么做下去！

做生意，要给自己留个保本翻本的机会，不能破釜沉舟，借的钱迟早要还，没那个承担风险的能力，就不要借款。做生意要居安思危，有个企业家说过，如果把生意比喻成一艘行驶的轮船，他每做一桩买卖，首先考虑的是轮船浸入水里的那部分。即他每一次都考虑的是阻挡轮船行进时水下的风险，而不是风光无限的水上风光。市场的历练让她对商业有一种出其不意的精准把握，这种能力让她在"老干妈"以后的管理，资金运转方面具有天然的一个领导者的气质。直觉是她的法宝，她就相信自己的直觉。

直觉是一种不可言说的预感，也可以叫第六感觉。由感块导出的思维叫直觉思维，由忆块导出的思维叫逻辑思维。事实上，相信直觉的，不止一个陶华碧。当年阿里巴巴决定推出支付宝时，马云飞到杭州找到陆兆禧。陆兆禧现在已经是阿里巴巴 CEO，但当时还担任区域销售主管。陆兆禧回忆说，马云当时问他是否了解支付宝或 PayPal。当陆兆禧给出否定的回答时，马云说："很好，支付宝就交给你来负责。"尽管陆兆禧并不了解支付宝，可是马云就是靠直觉觉得他行，可以委任。此后，陆兆禧果真成为阿里巴巴不可或缺的救火队员，从21世纪初加入阿里巴巴，在B2B、支付宝、淘宝均担任过总裁，特别是为组建阿里巴巴B2B营销团队，为此立下了汗马功劳。马云就是靠着"直觉"，觉得陆兆禧是个人才，果断用了他，并且用对了，此后在陆兆禧的努力下，支付宝成为国内第一家切入信用担保的第三方支付公司，多年来一直处于内地第三方支付市场领头羊地位，市场份额达到50%以上。可以说，支付宝的出现解决了网上购物的难题。马云的直觉救了淘宝，发扬了淘宝。

汉武帝时期，有一年汉武帝想栽培霍去病，便要教他学习孙吴兵法。没想到霍去病曰："顾方略何如耳，不至学古兵法。"意思是，打仗看的是方略高明不高明而已，不必非得去学古兵法吧。马云要是听了这句话一定点赞，因为他在很多场合都对MBA教育吐过槽。不过也是，很多做企业的老板，就是靠着一种生意人的直觉来判断一项生意该不该做，经营能力从多年的经营中可得，不一定读MBA的才能做老板。

在战场和商场，那些基本的原理都是可以花钱和时间来学到的，但过人的直觉、本能和悟性，是学不来的，是最稀缺的资源。实际上，人人都有一定的直觉、本能和悟性，只是有时候会受到逻辑思维的强制破坏，从而不肯相信自己的直觉。在直觉和逻辑思维的选择上，究竟该信哪一个呢？

有时候一件事，我们不肯相信自己的直觉，因为信息量不足，于是我们会过度依赖于信息，不敢"拍脑袋"下决定。直觉需要的是对问题未经逐步分析，仅依据内因的感知迅速地对问题答案做出判断，猜想，设想，或者在对疑难百思不解之中，突然对问题有了灵感和顿悟，甚至对未来事物的结果有"预感""预言"等都是直觉思维。直觉思维是一种心理现象，利用直觉在信息量不足的情况下迅速做出判断，是成功商人必备的素质。很多的企业家，成功于商业信息暧昧不明的状态中，在大多数人举棋不定时，他却冥冥中看到了商机。

李嘉诚的跑与不跑，都是和他作为一个商人的直觉分不开的。凡是奔着"商人本质"去看李嘉诚的，都会对李嘉诚的商业直觉钦佩不已。有专业人士曾分析，水往低处走，人往高处流，商人也不例外，追逐更高的利润是商人的天职，从最初的大规模买进房地产业到今天转向零售行业，是李嘉诚直觉的灵敏之处。正如当年人人在大陆撤资，看不出国内房产前景的时候，就他敢逆势抄底大陆房地产行业一样。当前的国内经济正面临转型调整期，即从以投资为主转向消费为主。房地产行业即是投资驱动的代表行为，经历了黄金十年，房产如今普遍过剩。而随着中国人越来越有钱，房子也家家有那么一两套后，注重消费将成为主流，消费将成为拉动经济的主要驱动力，这是大势所趋。

李嘉诚在内地抛售的大多是商业楼盘和相关物业。因为投资周期长，物业开发收益直接受经营环境的影响，一旦经济有变，物业首当其冲受冲击。总之，直觉敏锐的李嘉诚正是看出了房地产行业已经告别了辉煌时期，过去只要圈了地，等那么几年就能让资金成倍翻翻的日子到头了。

哪里有风险就避开哪里，哪里有机会就冲向哪里。每个商人都有自己独特的商人直觉和投资理念，李嘉诚能15年连贯华人首富，成为亚洲"超人"，必然与他敏锐的投资眼光、对风险和机会准确的评估和把控密不可分。

一个商人必须要有精准的直觉，这样他才能傲步天下，闲庭信步。循规守旧的商人，如果没有特别的直觉，他会一直谨慎而胆小地做着自己的小本生意，不求闻达，温饱就可令他满意。这类商人一旦遇到很大的商机，他不敢倾听内心的声音，也违心屏蔽掉自己的直觉，其结果往往是失去发财的机会，后悔莫及。也有独具慧眼的商人，靠着直觉做了一个又一个大的决定，在一定的危险下，直觉给了他勇气，日后飞黄腾达也是指日可待。

如何快速做出别人不敢做的决定，是个被忽略的课题。很多人之所以不能成功，一次次失去机会，当事后诸葛亮，就是羞于拍脑袋、不敢拍脑袋、不善于拍脑袋。特别是习惯于靠逻辑思维办事的人，这种人做生意，往往过度依赖信息，在信息不足的情况下不敢拍脑袋，优柔寡断，难以成大事。

一个商人做出决定行为，应该让直觉与逻辑思维具有同等重要的价值。越是机遇性的商业机会，越是具备时间的压力，错过时间也许就错过了商机。有时，拖延决策比草率决策更致命。在有限时间内作抉择，拍脑袋自然来得快。

陶华碧的直觉，即是反对贷款上市，她立意做千秋大业，所以自己的公司自己全权掌握，这是她的底线。借贷这种事，她的直觉告诉她，借款就得还贷，而且还的比普通利率高很多，而"老干妈"有的是钱，不需要借款来满足扩充基地的要求。有钱还借钱，用农民的思维就是：这人有钱还借钱，是不是疯狂了。所以，陶华碧头脑很清醒，她靠直觉判断，自力更生，我行我素，该交的税我交，不该贷的款我也不贷，谁也不怕。一个成功的商人，顶住了忽悠，有主心骨，有独特的直觉，就能成大事。

商业决策往往事关重大经济得失。每当决策涉及严重后果的时候，人们往往怀疑数据分析的可靠性。这就好比买房子、找工作、结婚，倾向于逻辑思维的人，会考虑到方方面面，甚至茶饭不想，为各个备选方案列个表格，对其关键要素逐项打分，然后加权平均。可是人们却常常盯着得分最高的选择，感觉不对劲儿。为什么呢？数据对，直觉不对。思维没受过训练的，或者喜欢让冥冥中的力量主宰自己的人，也许偏爱扔硬币决定何去何从，可是硬币落地了，却不接受命运的安排。所以，每当事关重大，人们往往更相信直觉。

心理分析大师弗洛伊德有过这样的观点：做小决定时，应当依靠你的理性，把利弊罗列出来，分析并作出正确的决定；当你做大的决定，例如寻找终身伴侣或决定职业发展方向时，你就应该依靠你的潜意识，即直觉。

不欠税，不欠钱，不上市，"老干妈"潇洒指点江山

每一个成功者的背后，都有着别人难以理解的苦衷和辛酸。无论一个人如何的强大，表面上给人无坚不摧的强者姿态，当他褪去伪装，他会发觉自己如何的脆弱、孤独。其实，成功者也是凡人，没有必要给他们套上神秘的光圈。我们之所以人为地把他们幻想得如此高大，无非是我们达不到他们的高度而已。我们以为他们的成功是上天的眷顾，可是，很多成功者都会告诉你：如果你也吃过他们的苦，如果你也趟过他们经历的九曲十八弯，经历过淬火的历练，你也可以如此的伟大和不平凡。

钢是在烈火中炼成的，因此它很坚固。要想成为众人瞩目的企业家，一个人必须要经历种种的磨难。难怪有人说，成功者就是愿意做别人不愿意做的事情，敢于做别人不敢做的事情。如果你也能吃那么多的苦，你也被命运一次次打击过，你也一次次抗争过，相信你在经历过打击后会变得从容而优雅，成为别人眼里的胜利者。

陶华碧的"老干妈"在经营过程中，经历过种种磨难，其中辛苦只有她自

己知道。她的"三不"原则——不欠钱、不欠税、不上市,让她独步于其他以融资、借贷起家的经营者之列。虽然如今的企业家大部分都是靠融资取得人生第一桶金,可是"上市"这件事,却依然是他们心里的痛。

前文曾经说过,陶华碧坚决不上市,就是为了"老干妈"的将来大业。她不想造成权利的分散,归根结底,她一心创立的名优品牌不想被股东瓜分。在如今的商家都以上市来圈钱的时候,她只想好好地干活,好好地做辣酱,好好地挣钱、交税,不做违法的事,一心一意把品牌经营完美。

网易公司的创始人丁磊在接受记者问时说:"后悔上市,现在网易像'裸奔',上市对我们有弊无利。"

"我现在追悔莫及!好像是年轻时犯下的美丽的错误。"

丁磊说,网易于2000年6月30日成功登陆美国纳斯达克股市,至今已有近20个年头。7年时间里网易通过美国股市向全世界范围募集资金过亿美元,但丁磊细算了一笔账:当年风险投资商曾以1美元、5美元,最高达15美元每股的价格买入网易股票,到今天网易股票基本维持在72美元上下,如果按照最高15美元的价格计算,盈利也达4倍半;而如果按照7%的银行利率,翻一番需要10年时间,"一比较,就知道卖给风投吃了大亏""好比是高利贷中的高利贷"。

丁磊还说,上市对于公司的伤害还可能在于信息披露方面的苛责:"会导致公司过于透明",在这方面在美国上市的网易吃亏尤大。丁磊介绍,美国股市每期季报都要求公司披露详细财务报表,网易每款游戏的盈利收入、玩家的增减和增减比例都需要详尽介绍,对于公司近期的战略安排也要披露。与不上市的对手相比,网易就成为一个"透明人""好像裸奔嘛,一举一动对手都清清楚楚"。丁磊想以自己亲身的经历特别提醒目前国内正热衷于上市的企业家们：慎言上市，首先要想好为什么上市。丁磊说，如果企业盈利能力稳定也不需要融资，上市只会带来麻烦，"不要贪图那份虚荣"。

而新东方的总裁俞敏洪面对新京报记者的访问，也断然发声：后悔上市。以下为采访内容：

新京报：你最后悔的事情是什么？

俞敏洪：最后悔新东方上市。

新京报：为什么？

俞敏洪：上市把自己和公司全部透明，没有了边界，没有了隐私。第二个是，上市公司要求你每年增长百分之二十、三十以上，失去了做事的从容。第三是上市公司的钱我一分都没用到。尽管股票增值了，但是我也不能随便动。分红的话，分个十年八年，也和股票差不多。

新京报：但如果回到上市前的瞬间，你还是会选择上市吧？

俞敏洪：我不会选择上市。最初的时候我也没有任何心动感，那时候内部股东都想上市，我挡不住这个潮流。

两位商界大腕俞敏洪和丁磊，都是响当当的名校毕业，对融资、上市等理念可谓是得心应手，可是当他们成功后，依然后悔当年的上市。如今的丁磊只拥有网易44.80%的股份，即使如此他依然坐享股份财富284.71亿元，排在中国家族财富榜第10位。如果丁磊不上市，坚持独立经营，如今的财富不可估量；俞敏洪的新东方成规模后，他准备用股份制的模式"包产到户"，为此曾询问过咨询公司，对方强烈建议他持有55%的股份，这样可以更好地控制公司，俞敏洪自信满满，认为自己不需要依靠股份掌控新东方，相信依靠个人的魅力和才能能更好地控制新东方。结果他自动转让出去55%的股份，自己只留有45%的股份。股份制成立后，各种扯皮的事情不断发生。因为学校和公司不能挂钩，年底公司是没有钱的，钱都在学校，国家规定学校不能以分红的名义分钱。原来没成立公司时，大家干干活，分分钱，现在有了公司了，大家每人每月只能拿几千元的工资。

俞敏洪说："所以大家觉得我设了一个诡计，把他们在新东方的权益全部没收了，最后发现红也分不到，股权拿了也没有什么用。当时新东方定价一个亿，我说如果大家真的不信股权未来是值钱的话，你们现在可以把股权还给我，你们拿走的时候是免费的，还给我的时候是百分之一百万回收。大家想了两天又不愿意把股权还给我。经过此事我发现企业改革内部斗争非常厉害，这种斗争很少是围绕战略，一般都是为了利益或者权益和职位。后来股东说不还给你，反正你已经定价了，如果以后新东方做不好的话，你再用一百万买回去。由于当时没有用现代管理方式，造成了矛盾的产生。"

因为公司成立了股份制，所以造成了各位股东之间的矛盾。滑稽的是，俞敏洪这个新东方的创始人，竟然很长时间不能过问新东方。他邀请回来的这些学术上的尖子生，对权力非常敏感。在20世纪初，新东方股份制改造后，长达4年的时间，新东方每一个人都当过董事长。这个过程中，他们觉得俞敏洪不太善于现代化企业管理，所以不让他当董事长、不让他当总裁，最后连股东会、董事会都不允许参加。他们说："我们这些股东在一起讨论问题，你往那里一坐，毕竟是新东方的创始人，我们好多意见不好说了，你就别参加决策了，我们决策完了你执行就行了。"俞敏洪描述当时的情况，"所以我大概有一年半的时间股东会和董事会的会场我都进不去。事实证明，管这样一个在变化中间的、利益不断调整的机构是不太好管的，所以每个人都说这个位子不是人干的。"

后来他们又把俞敏洪请了回去，他的要求是两年之内不能变更。俞敏洪说："不能说我干了3个月，跟你们谁闹了矛盾，你们又把我拿下来，因为他们当时把自己叫作小股东联盟，我是被他们针对的唯一大股东。"在被"雪藏"的4年时间，俞敏洪读了很多管理的书，也反复琢磨请教，所以当他再上任的时候，很快就把内部关系理顺，并迅速在海外成立了总公司。

正因为大权时时旁落，俞敏洪这个创始人竟然不能过问新东方，所以他面对记者提问，才会说："后悔上市，如果重新开始，他不会选择上市。"

陶华碧具有商人敏锐的洞察力，她拒绝上市，不欠任何上下家的钱，一个建立在农村的工厂，年上税竟然达到几个亿，这份魄力不是任何人都有的。正因为她有这份执着和坚定，才能傲视群雄，独步天下，潇洒指点江山。

治大国如烹小菜，做企业如做辣酱

曾有人问中国最伟大的公司是哪家？这个问题的答案可谓是众说纷纭，众所周知的几位明星企业家，以及许许多多的白手起家的创业者。他们有的身家成千万上亿元，有的入围中国百富榜，有的在胡润全球富豪榜之列。这些本来只是埋头挣钱的企业家，之所以被推上明星的舞台，正因为他们各有各的特色，各有各的所长。有的演讲口若悬河，给年轻人正能量；有的拥有独特的经营宝典，学会其一两招即可成就一番霸业；还有的靠出其不意的点子，砸冰箱砸手机，提高了产品的知名度，名誉天下；可是唯独一个人，她不声也不响，悄悄地做着辣酱，无声无息地把这些辣酱推向了国内外。

如果一定要比较陶华碧的过人之处，也很容易。大部分企业家在创立阶段，都经历了资金不足的情况，唯有陶华碧没有向国家要过一分钱，没有贷款，没有融资，她在没有后台背景，没有请过明星代言，没有读过一天书的文化背景下，把调味品产业推向了韩、日、美。她领导着几千人的公司，管理层却很简单，没有董事会、副董事长、副总经理。只有5个部门。陶华碧下面是谢邦银和王武，一个管业务，一个管行政。谢邦银管业务，几乎把所有精力扑到一线拼命。王武为办公室主任。大儿子李贵山负责市场，小儿子李辉负责生产，陶华碧为掌门人，只负责签字、盖章、把握大方向。

如此简单的管理结构，不禁让那些管理人员冗陈的公司汗颜。陶华碧并不忌讳家族式管理，在记者访问她时，她侃侃而谈：

"谈到家族企业，外界不看好，我不那样看，没有家族企业，企业是赚不到的。不是一家人，就容易各是各的心，要同一条心，才能企业做大，才有和谐社会。西方国家一样有很多家族企业，包括香港的李嘉诚也是家族企业。家族企业并不是不要现代化企业管理的机制，家族企业同样要融入现代化企业的管理制度。历来的传统都是这样子，成功的企业往往都是家族企业。"

这就是"老干妈"陶华碧，这就是一个女人的坚守和自信。她的管理在近20年风雨中，从没出过任何问题。几千人的公司，有限的规章制度，执行力却超级强硬，有人说，以"老干妈"为榜样很多企业才不会迷失。她不讲花花绿绿的大道理，也不请西方的咨询公司，她就用自己的土办法管理公司，该严厉的时候严厉，该温情的时候有温情，她对企业管理的驾轻就熟使得很多读过

MBA 的高材生都自愧不如。实际上，她的管理并不神秘，规章制度也很简单，只是执行力够强硬，在波诡云谲的商海里，在"三个女人一台戏，两千个工人一锅粥"的工厂里，她凌波微步，把这些工人治理得干劲十足，工作积极热情，他们对陶华碧也是交口称赞。

实际上，不仅仅是陶华碧摒弃了深奥的管理模式，阿里巴巴创始人马云在经历了 MBA 之痛后，也开始深思自己的管理模式是否出了问题。

互联网经历了泡沫之后，21 世纪初，韩裔日本人、软银的董事长孙正义看重了马云的阿里巴巴并且投资 2000 万美元，此时，马云如虎添翼，认为阿里巴巴已经扩大了规模，曾经的部门负责人员已经不适宜负责重大事情，应该引进外来高级人才进行公司的创新。连长之类的"官衔"才适合自己的创业人员干，而团长级别的就应该请"外来的和尚"。于是马云聘了 11 名名校商学院的 MBA，担任阿里巴巴的核心高管。结果，不管是哈佛，斯坦福知名院校的 MBA，时间不长就被马云辞退了。事后马云总结经验教训说："高级院校的 MBA 口才一流，执行力末流。讲起理念来头头是道，需要他们发挥价值，比如企业应该加强管理的地方，这些 MBA 却往往无从下手。"

马云"开除"这些 MBA，并不是搞逆向思维，而是实事求是，做事做不来的 MBA 们，必须被开除，否则，阿里巴巴会完蛋了。马云是一个务实的企业家，在这一点上他和陶华碧有共通之处。陶华碧治理企业，也有自己的一套土办法，规章制度言简意赅，却每一项都切中要害。她倡导家族管理，可是也并不任人唯亲，她的几个亲信助理，都是她信任的"外来的和尚"。

陶华碧预见到了高学历人才的"纸上谈兵"，对这种有学识没有经验的学生娃，她自有自己的一套管理办法。有一年，一位本科学历的年轻人来应聘，陶华碧看着他拘谨的神情，文质彬彬的气质，觉得这个年轻人还需要下基层磨练，于是，她先把这个本科生安排在办公室里做杂活。她对这个年轻人说："这是淬火！"过了几个月，她又派他到全国各地去打假、考察市场，这一招用她的话说："这是磨磨！"直到半年后，她才任命他做职业经理……这个年轻人，就是如今"老干妈"公司里第三号人物王海峰。此后王海锋施展才干，为"老干妈"迅速占领市场立下汗马功劳。

陶华碧这么干，是看到了很多国内学历高、能力不强的大学生，白白荒废了时光，学的东西根本用不到点子上，于是，她先让这些人"淬火""磨磨"，让他们先吃苦，只有吃得苦中苦，才能成为好的管理者。

好在这些年来，国内形势已经改变了，现在顶着众多名校桂冠的人，没有经验就很难找到如意的工作。即使是海归，在国内找工作也会比较困难——因为他们没有任何国内实践经验。

马云曾经说过，职业经理人履历卖相再好也没用，没有执行力，就好像把一架飞机的引擎用在拖拉机上，最终还是飞不起来。通过书本告诉你的知识框架完全靠悟性、天赋来参透执行和日常管理的细节，这样的人在美国也只有乔布斯等寥寥数人，在中国可能更罕见。

由以上可以看出，学历不是一个管理者的标准，而执行力却能够看出一个老板"行"还是"不行"。为了贯彻执行力度，以下几点必须做到：

第一，科学合理的战略部署，这是执行的前提。战略如果脱离实际，就根本谈不上执行。

第二，好目标设定、计划和预算是执行的基础。做好时间管理是提升执行效率的保障。

第三,行事前一定要讲清结果,讲清后果,沟通到位。

第四,员工执行开始时都想把工作做好,也不是不聪明,但往往因为缺少结果思维,导致有苦劳无功劳,而执行要的是功劳。

第五,用人机制保障执行,用好人才能做好事。如果岗位难度过低,体现不出人的能力,资源配置不合理,就会导致内耗甚至残杀;岗位的难度太大,画饼太虚,虽努力却不能及,最后人才也被埋没抹杀。只有岗位难易适当,并设立段位考核机制,才能真正提升。

第六,制度的制定对于执行力会产生重要的作用,在制度安排上一定要合理、合法,得到多数人的认可。

第七,执行的结果取决于执行力最差的员工,因此必须要不断提高员工的素质。

签名,企业家的脸蛋

企业的成长,需要老板也随之成长。一个企业的诞生,它最初可能是混沌的、懵懂的,不需要多么繁复的要求,对老板的要求也甚少,那时候,老板只要会数数和算账,算好利润和成本,便可独挡一面。可是随着企业的成长,对领导的要求越来越高,有的老板为了提升自己,重新回到学校,去学习管理经验;有的老板去学习某种特殊技能,例如外语、MBA的进修等。陶华碧在"老干妈"越来越盈利,成为辣酱的龙头老大的时候起,她的烦恼也来了。作为掌门人,她不会写字,一些文件需要她亲自签名的时候,她可犯了难。

大儿子李贵山拿着要批复的文件,要她在上面签字,陶华碧拿起笔,想了想,索性就在上面一个圆圈。她瞅着自己画的圈说:"画的还蛮不错的,可以当作我的签名。"当年作为老干妈食品公司总经理的李贵山看着母亲画的这个圆圈,哭笑不得。他在纸上写下了"陶华碧"三个大字,对母亲说:"妈,你没事也练习练习,画个圈不行的,有人冒充你画的圈签名会很容易的。"哪知,陶华碧对这三个字看了又看,一边摇头,一边为难地感叹说:"这三个字,很复杂,很复杂呀!"尽管如此,她还是拿出干活时那样的"力气",苦练起来。可没上过学的她真的练起字来,竟觉得比当初切辣椒都难。但为了写好自己的名字,她拿出干苦活的劲头整整练写了3天!经过她艰苦卓绝的练习,她终于一笔一画地写好了自己的名字,那一天,她高兴得合不拢嘴,公司的人听说老板会写自己名字了,也欢呼起来,陶华碧对全体员工说:"今天我请客,请大家加一顿餐。"

从签名这件事,也可以看出陶华碧在面临陌生领域并不退缩的精神。一个没有读过书的妇女,一个干了一辈子粗活的女人,拿起笔的那一刻,她内心是五味俱全。当年,她家境贫寒,八个姐妹的大家庭里,吃饱饭就很困难了,哪里会有读书的奢望!直到"老干妈"的崛起,陶华碧才感觉没有文化的重要性,一些文件她看不懂,只好靠助理读给她听,字不会写,只好辛苦练签名。她经常感叹:当初切辣椒谁都不干,我经常被辣得两眼流泪,我也得干,也没觉得多么难,这写个字却这么痛苦不堪!

实际上,很多做老板的做起生意来游刃有余,驾轻就熟,天生的经营能力让他们在商界所向披靡，可是他们坐下来学习就犯了难。初中都没毕业的黄光裕，17岁背井离乡，来到北京进行打拼。刚到北京时，人生地不熟，为了找个地方住，他雇了一辆三轮拉着他去找个旅馆，三轮车主见他是外地人，仗着黄光裕对北京不熟，拉着他跑遍了半个北京城，最后又兜了一大圈，回到北京站附近的一个小旅店，所用的路费竟然超过了住宿的费用。就是这个一脸茫然、手足无措，觉得北京"非常大"的黄光裕，后来竟然建成了全国最大的家电零售王国，连续四年蝉联胡润富豪榜榜首。是社会这所大学给了黄光裕最需要的才能，他在社会这个大熔炉里，活学活用，看准时机，一次次击败对手，捍卫了家电零售业的老大地位。

黄光裕有一个很值得玩味的哲学："知本"永远给"资本"打工。之所以他会产生这样的看法，与他的出生地分不开的。黄光裕出生于广东省汕头市的一个农村，汕头和潮州相距90里地，两地的文化互相渗透，汕头受潮州文化的影响颇深。潮州被称为中国的犹太人，有着悠久的商业意识。很多做生意的人都认为，大学生找不到工作，为什么？就是不能适应这个社会，创富与读书无关，而打工与读书有关。

陶华碧在最艰苦的环境下，把辣酱老大的地位巩固得固若金汤，却为了签名这件事费尽了脑筋。和她有相同遭遇的，还有不少生意人都有过签名的尴尬。有一个温州的老板，因为自小家境不好，也没读过书，一个字也不认识，他唯一能写的就是自己的签名，亲眼看到的人回忆说，看这个温州老板签字简直就是一种折磨。据说这个老板原来连签名都不会，但每次签合同都必须要签名，于是他练习了签名，这是他唯一会写的3个字。有一大批的博士生、大学生在这个老板手下打工，依赖着他而活；而这个老板虽然不识字，但是生意却做得非常精明。

马云的签名也颇有意思。自从成为中国首富，找他签名的人络绎不绝。由于马云具有演讲才能，一些励志名句脱口而出，就有人求他写几句励志的话，以作座右铭。马云为了避免普通签名的枯燥，就一年换一句，比如有一年他给人的签名是"永不放弃"，另一年就给人签"心在远方，路在脚下"。就连下属递上来的文件，他也如此签名，难怪有人戏谑地说："单看签名就知道，这个文件是哪一年签的。"

签名就像一个企业家的脸蛋，签得好看与否，关系着人们对这个企业家的看法。陶华碧是个朴素的女子，可她也爱好一切美好的事物，她不愿意让别人说她的字不美，所以她兢兢业业地练字，就跟当年流着泪切辣椒一样努力。所以说，一个没有读过书的女人能够成功，决不是偶然，她能够克服自身的局限性去适应这个商业规律，能够做其他人之不能，克服人之本能，是一个成功企业家最重要的特色。陶华碧没有在写不好字的时候，气愤摔笔，放弃学写字，她很努力地去顺应社会的潮流，在头发花白的年纪笨拙地拿起笔，一笔一画。

一个企业的扩大，屹立不倒，自有它本身的命运所载。"老干妈"从它最初的酝酿、发酵，直至强大的过程，是一个传奇。中国这么多做辣酱的，为什么一个没有文化、没有背景、没有向国家伸过手的女人就能成功了呢？为了探究"老干妈"的奥秘，自有不少文人雅士在"老干妈"的命名上找寻究竟。

有粗通命理者分析："老干妈"的商标是"贵阳南明老干妈风味食品有限责任公司"的简称，从字义上讲，"老干"二字，均为刚阳之意、纯阳之势，好在后面紧跟一个"妈"字，为刚中带柔，做事有原则，中流砥柱，但又不至于顽固不化（乾），思想僵硬。"老干妈"三字分天地人，"天人"二字为阳，"妈"为阴，组成巽卦（两阳一阴），为大名声，企业形象好，口碑好（踪卦兑）为繁荣昌盛，为市场获利3倍，所以是国内著名品牌。"老干妈"3个字极富亲和力，跟巽卦象一致，踪卦为兑，为吃，为深爱众人之喜爱，从"老干妈"这3个字来看，组成天地否卦之天山遁卦，3个字取三爻动，"贵阳南明老干妈风味食品有限责任公司"取卦为地天泰之天水天需，两卦信息一致，可见事物发展并非偶然的。

先来分析第一卦。"老干妈"体卦乾为天为老为干，再说"干"的繁体为"乾"，"妈"为坤卦，从卦象上来看，"老干妈"（企业和陶华碧均为乾）乾为钱为贵为名人，亦得党和政府的支持，是一个自强不息的人，做事追求圆满的人，重感情义气，有很强的原则性，做事果决，动而少静，正直勤勉而有自尊，威严而又平易近人，是个干事业的女强人（乾巽），但又能吃苦耐劳，有着坚忍不拔、谦让、节俭的性格，是个贤妻良母型的人，慈悲心重（坤），为人做事很细心、责任心强，随和（巽），认定的事有着坚定不可更改的一面，诚实而讲信用（艮）；"老干妈"是一个深受众人喜爱的食品（坤生乾，又正配），建立在符合大众口味的基础上，是一个靠众人支撑起来的企业（乾在坤上）。企业创业之初，充满了重重困难（否卦名），随着众人对"老干妈"食品的喜爱（坤生乾，否极泰来，踪卦为泰），市场（巽）经过员工的艰辛努力（巽克艮）随之打开（渐），渐渐积累（艮），随之迅速发展，形成一定的市场和企业名声（渐），一个一个台阶向上走（艮），经过5年的奋斗（互卦止于五），终于发展成为一个站在高山上（艮）拥有实力雄厚（艮）不断壮大的企业（之卦踪卦大壮），最后将立于不败之地，遁为大艮卦，为不动如山之意。"老干妈"企业的名声是建立在企业的信用之上（渐），为了维护企业的形象和商标不仅有口舌之争（互卦踪卦为归妹为怒说之意），还对侵犯商标的人进行了控告（互卦踪卦震为执法部门，兑为告状），产品远销国内外（遁为走之意，在此为销售），"老干妈"开发高附加值的辣椒系列，为兑卦为吃为辛辣，与乾比和，其在西方国家出口的也较多，新西兰、美国、加拿大。

流年运程：

1996 年，丙子年投资建厂，子水泄乾金，多为投资之意。

1997 年，丑生助乾金，挂牌成立公司，开始大力运作起来。

1998、1999 年，木之流年，乾金之财，一路攀升。

2000 年，辰土生扶乾金，亦为水库，应看作企业在盈利之时也有烦心之事，实为商标的事打官司，一打就 3 年。

2003 年，未长生助乾金之时获胜。

2001 年，流年火克金，损失钱财，但因有坤土来化解，变成杀印相生的格局，虽损财，但反而使企业更加有名气和形象。据资料所示，当年有一家玻璃制品厂给"老干妈"公司提供了 800 件（每件 32 瓶）酱瓶，却出现瓶子封口不严的质量问题。陶华碧要求相关部门迅速查处，追回所有的货品并且全部当众销毁。"老干妈"信守质量的决心，使坏事变成了好事。

2002 年，是最为惨烈的一年，天干壬水泄气，地支火克之，十分头痛，是经营最为不好的一年。因为进豆豉的质量问题，陶华碧坚持退货，公司也因缺原料被迫停产两天，造成了莫大的损失。

2003、2004、2005、2006 年，地支一片帮扶，企业资金迅速增长，达 15 个亿。

2007、2008 年，流年水到位，泄乾金之气，这里看到企业的扩大规模。

2009 年，丑土流年，为金库，是大利之年，该年贵阳老干妈风味食品有限责任公司二期工程投产，二期工程占地面积 310 余亩，总建筑面积 63000 平方米，总投资 1.2 亿元，主体涵盖 4 个车间，建成投产后可具备年产"老干妈"

食品 800 万件（套）的能力，预计年新增产值 5 亿至 7 亿元。

……

陶华碧，一个神奇的女子，她的传奇让我们钦佩。经常有人说，有着传奇生涯的女子，必定是命里携带，八字有贵人相助，我却觉得，是社会这个熔炉让她成长，是艰苦的岁月让她成熟。相信命理不如相信自己。普通的人在一个路口摔倒就萎靡不振，只有摔倒无数次也不放弃，才能把自己的签名大写。

一杯水卖出天价，不是"老干妈"的风格

一个企业的建立，是靠着产品打入市场的。产品构成了企业的血肉和骨架。没有产品，一个企业只是一个空壳。前些年的皮包公司，即是"没有产品，只有一个空壳"的骗子公司，这样的公司最多只能打一枪换一地，不能长久，迟早会露馅成为阶下囚。陶华碧做的是千秋大业，她说："我打下的江山，我要把它做好，做专做精，要它永远传承下去。"正是凭着这一思路，"老干妈"没有学其他企业，一旦成了规模就膨胀自大，把摊子堆得越来越大，最后资不抵债，只能破产。陶华碧做"老干妈"企业，做得扎实到位，她就像管理自己家一样，照顾着这个企业的点点滴滴。对自己创立的"老干妈"辣酱系列，即使在以后"老干妈"供不应求时，她依然没有溢价。尽管日后由于通货膨胀，各种原材料涨了价钱，她的"老干妈"依然保持 8 元左右的基本价位，没有上

浮过。

请看以下数据：

以"老干妈"的主打产品风味豆豉和鸡油辣椒为例，其主要规格为210克和280克，其中210克规格锁定8元左右价位，280克占据9元左右价位（不同终端价格有一定差别），其他主要产品根据规格不同，大多也集中在7~10元的主流消费区间。基于"老干妈"的强势品牌力，其他品牌只能选择价格避让，比如，李锦记340克风味豆豉酱定价在19元左右，小康牛肉酱175克定价在8元左右，要么总价高，要么性价比低，都难与"老干妈"抗衡。

看了以上数据，我们得到这样一个印象。"老干妈"的价格占据了最佳的价位，让其他辣酱品牌无法插足。如果和"老干妈"保持同样的价位，又没有"老干妈"名字响亮，即牌子不够硬；如果超过"老干妈"的价位，又超过了消费者的心理购买预期，既然有便宜的，何苦去买贵的，虽然分量大一些，量大也不一定受欢迎，它存在一个食用时间长，会不会过期的疑问，这就造成了其他品牌的调味酱行业定价难。低于"老干妈"没利润，高过"老干妈"没市场。"老干妈"的价格一直非常稳定，坚守价格定位，价格涨幅微乎其微，不给对手可乘之机，在"老干妈"本身强势的品牌力下，竞争对手们要么为了低价导致低质，要么放弃低端做高端，而佐餐酱品类又很难支撑高端产品。

从1996年建厂，不论商业的大浪如何的变幻，调味品价格战如何风起云涌，"老干妈"依然保持最初的价位。实际上，在广告明星各类代言泛滥，一瓶水都能卖一个天价的当代，一瓶半斤左右的辣酱才七八元钱，这到底便宜不便宜，每一个消费者心里都有数。四川某地曾有一个喜欢吃辣酱的商人，因为喜欢辣酱，也喜欢钻研辣酱的做法，看到"老干妈"挣钱很容易，就想，自己何不也试着研发辣酱产业，做辣酱卖呢！他经过查询资料，咨询相关技术人员，自己做了一款辣酱，准备推向市场。可是他算了算成本，惊呆了。假如自己的辣酱也卖七八元钱，他不仅不能赚钱，还得赔钱。他的辣酱肯定是不如市场上已有的辣酱牌子响亮，如果价格高于市场，死路一条；如果价格低于市场……不用说，赔钱的生意谁也不干，这样也是死。

最后这个商人放弃了他的想法，不再妄想做辣酱生意。从这件事可以看出，"老干妈"的定价可以说是不怎么挣钱，薄利多销是陶华碧立足市场的策略，把利润还给消费者，这也是其他品牌难以与之抗衡的关键。

"价格"这件事，是一件很重要的事，不要看不起"价格"，影响消费者购买欲望的，就是取决于价格的高低。以前实体店盛行的时候，服装厂家用明星打打广告，质量还是那个质量，价格成倍翻番，实体店就可以躺着挣钱。互联网的兴起，让厂家大跌眼镜，和淘宝竞争价格是肯定拼不过的，实体服装店纷纷落马，互联网的兴起彻底颠覆了"一件衣服卖出天价"的事情，实体服装店要么改变思路，一件衣服卖出个正常价，别再以奢侈品的价格定位服装，要么就改行。这几年，饭店的大肆兴起，很多都是由服装业的改行转变过来的。由实体服装业的兴衰可以看出，价格决定着一个产品的兴亡。

某阿胶上市后，主打高端市场，为了迅速树立起自己的高端形象，频繁提价，并将渠道进行全面提升。某阿胶看似锐不可挡，但其向着高端化、奢侈化的定位，恰恰是自动留出了中低端的市场空白，福牌阿胶瞅准时机，把价位定位在中低端市场，抢占了某阿胶空出来的市场份额，可以说，某阿胶的广告轰炸，确实有了效果，可是这效果自己得到的并不一定多，它的广告效应让消费者对于阿胶有了认知和首肯，但在销量上，某阿胶自动甩出的阵地，让其他阿胶趁势而为，据说如今福牌阿胶的销量直逼某阿胶。

海天的称霸之路，纵横捭阖，每一场硬仗都深刻改写了其所在行业的格局。而它最漂亮的仗，还是价格之战。当时的海天，困守广东佛山多年，部分产品通过OEM输出海外。受制于体制，海天一直在广东兜兜转转，冲不出本地，1994年体制松绑后，海天开始大展拳脚。1999年之前，海天的蚝油技术尚不成熟，只能跟在李锦记后面"打酱油"。2002年，海天蚝油技术成功取得突破，但市场早已被李锦记占领。

海天的董事长庞康看到李锦记蚝油占据了蚝油市场，可是却走的是高端路子。庞康毅然调整思路，推出了与李锦记具有强烈价格对比的产品系列。李锦记坚持自己的高端路线，没把海天放在眼里，当销量被快速追上的时候，李锦记才慌忙推出几款价格稍微便宜的蚝油品牌。就这样，两款蚝油的价格战被厂家打得水深火热，在激烈争夺市场的价格战中，两家各出奇招，可谓烈火烹油。

价格往往决定着品牌和目标人群的定位。价格变动，不只是产品利润和销量的变化，更是这种品牌定位的转移，尤其在企业具有领先市场份额的情况下，提价，往往是给对手让出价格空间。陶华碧坚持7~10元市场，可以说，最初辣酱只是辅助调味，还没今天这么被认可的时候，"老干妈"就迅速占领了这个价位，这种先入为主的概念深入人心，价位可谓是它立于市场不倒的法宝之一。

第九章

陶华碧

"老干妈"就是正能量

一个不努力的人,别人想拉你一把,都找不到你的手在哪里。

陶华碧之所以成为正能量的指路明灯,不是因为有希望才去努力,而是努力了,才看到了希望。因此,她扛下了黑暗。

生活给了一个人多少磨难,日后必会还给他多少幸运,为梦想颠簸的人有很多,不差你一个,如果坚持到最后,你就是唯一。

从来没有一种工作叫钱多、事少、离家近

我们每一个人在找工作的时候，无不对该公司的福利、薪水等考量了又考量，最后才怀着一颗犹疑不安的心去应聘该公司的职业。如果在入职期间，一旦有什么不顺心，觉得公司没有提供自己喜欢的岗位，觉得公司亏欠了自己，干着不顺心，做的第一件事就是炒老板的鱿鱼。

是的，如今的时代是80后90后占据主流的时代。年轻人流行跳槽，动不动就说"我炒了老板的鱿鱼"，言下之意，很是潇洒。年轻人意气风发，又受父母娇纵居多，心有大志，认为只有那些闪烁着光环的工作才属于自己，而辛苦、钱少、没有亲人罩着的工作，自己不屑于去干。人往高处走，人人都期待好的工作，可是，世界上的好工作是为你预备的吗？你又有什么资历什么条件去应聘你认为的好工作？

在贵阳，"老干妈"作为名优产品，有着如雷贯耳的声誉。能够有机会进"老干妈"的公司工作，是令人羡慕的。之所以人人羡慕，是因为在贵阳，"老干妈"的工资标准是当地最好的，从陶华碧初办厂，只有40个人的工厂，

管吃住就已经成为惯例，进了"老干妈"的公司，包食宿，缴五金，过年还有年终奖。据在"老干妈"上班的工人说，在"老干妈"工作还是比较享福的，住宿条件优越，洗澡很方便，有着良好的生活福利措施，普通工人的工资可以达到4000元，级别高一些的5000元以上，一个月可以轮休4~8天，有年终奖。所以"老干妈"的工作条件还是人性化的，公司管了吃住，员工自己还能剩下4000元，比当地公务员的工资也高了，这种福利待遇无疑是令人称羡的。更加让人惊异的是，"老干妈"招聘市场督导员、销售人员等岗位，没有学历限制，除了不错的底薪还有销售提成，即使是财务部副经理、采购部副经理等职位，也仅仅要求大专毕业。"老干妈"更看重经验。"老干妈"作为贵州的明星企业，具有其他企业无法企及的福利和薪水，招兵买马之际，自有"千里马"去应聘，有本事有能力就有高薪水。

实际上，我们每个人都向往这类大型企业，工资有保障，"老干妈"不负债自力更生，底子厚，不用担心老板融资、"跑路"等现象发生。"老干妈"市场销售一直保持稳中有增，销路广、效益好，在这类大型企业工作，可以放心干一辈子，老了还有养老金可拿，所以说，在"老干妈"干工作，值得用一生去拼搏，自有不错的晋升渠道给有才之士准备。

我们生而为人，就有着人世间说不清的烦忧和懊恼。作为动物性的人，就得吃喝拉撒睡，就得为创造这些生活条件而打拼。也许有些人是含着金钥匙而生，他们不必烦忧明天的饭票，不用努力就可衣来伸手饭来张口，他们会碌碌无为地过完这一生，除了闹几个飙车、吸毒的绯闻，他们不知道工作、薪酬代表着什么。笔者不想对这种人生做出任何的评价，毕竟这类人的人生际遇已经脱离了大多数人的轨道，如果我们追溯到他们的父辈母辈，相信他们的父母也有过几十年的奋斗和拼搏。任何财富的积累，都有着它自身的特色，靠着父母余荫的，虽然一辈子衣食无忧，可是他也失去了斗志，这样的人生是萎靡不振的一生。人生而为人，就有着其更高的精神追求，只有与命运抗争过，与困境搏斗过，即使站不到巅峰，只是一个普通的打工者，靠着积累只是买了一套房子，但他欣慰地看着自己努力一生的房子，他终于可以躺在自家的炕头上，不必挤集体宿舍，不必租房子受房东气的时候，他内心是喜悦的。他觉得自己的一生没有白白度过，他觉得自己的一生是幸福的。

相信我们大多数人为了稳妥，都会以打工的方式度过一生。创业只是少数人的事情，没有承受破产、经济危机的心态，打工就是一种既保险又经济的做法，最少给自己提供了需要的物质生活。而在找工作的过程中，我们又会瞻前顾后、战战兢兢，既想找个薪水高的，又想找个省劲的。可是，世界上有哪个工作能满足"钱多，事少，离家近"呢？没有任何工作是十全十美的，老板替你承担了风险，自有他个人的烦恼，他给你的要求即是好好工作，在自己的岗位上把属于自己的那份工作干好。即使企业的效益不好，老板也会考虑你的薪水问题，不会拖欠你的工资。我们作为普通的员工，固然有挑剔薪水、福利的权利，可是，任何一份工作都是给具有相应能力的人预备的，滴滴打车的美女总裁柳青最初应聘高盛亚洲有限公司的时候，只是最底层的一个分析员，当时一周100个小时的炼狱工作，只是为了拼命要融入新的团体。当年，她只有24岁，她没有奶茶妹妹倚仗青春貌美、尽情享受青春的潇洒，每天回家她就像打了一场疲劳战役。那时候的她，时常觉得自己像42岁的。柳青当年在香港长江中心上班，经常半夜一点钟，她和一个女同事约好在卫生间见面，两人互相搂着肩膀痛哭一场，互相为对方减压。当时的痛苦不仅仅是来自于加班的辛苦，孤独的无助，另一方面也有努力做出来的东西得不到上司的认可。几天几夜不睡觉做出的财务数据模型，领导却批评她做得不够专业，并且告诫她：假设的数据要用蓝色，语音留言不能随便，要用规范平稳的声调，尽力做到专业。只有专业，才可让人信服。

柳青在高盛投行历经了12年的职场生涯，这段经历让她快速成熟，由最底层的分析师到高盛有限责任公司亚太董事总经理，她走得并不轻松。当她有了一定的资本，转行去滴滴打车当首席运营官，也是水到渠成。如果24岁那年，她放弃了那份"钱少，事多，离家远"的工作，她也许不会有今天的成就。

我们每个人都会遭遇到人生的工作问题。20多岁的时候，不必考虑工作薪酬的高低，只需要去经历淬火、炼狱，等你"出狱"的时候，别有一番洞天的情景会让你惊喜。20多岁的史玉柱一头扎在数学题海里，在浙大孜孜不倦地学数学；20多岁的马云四处碰壁；20多岁的王江民因小儿麻痹而一无所有；20多岁的王石在大戈壁上当汽车兵。后来，他们都成了人们心目中的传奇。实际上，传奇也是由最初的潦倒低微成长起来的，没有最初的卑微、最初的渺小，也就不会有今天的辉煌。

"打工皇帝"用友公司的总裁曾经说：人生有三个阶段，第一个阶段是你"无知无力"，就是你知识不是很丰富，身体也没长好的时候，你是小孩在念书；第三个阶段是"有知无力"，你积累了很多知识经验，可是你年纪大了，老了做不动了；中间30年，是你"有知有力"的3个十年。纵观陶华碧的人生三个阶段，正是完美诠释了这样的人生。第一个阶段，她拉过黄包车，在地质队打短工抡过铁锤，卖过菜摆过摊，彼时的她家贫人困，只有一步步走下去，才能养活一家老小；第二个阶段，她开饭店，她卖米豆腐免费赠送的辣椒油，远近有名，有了口碑后，又在旁边开了食品店，卖自己加工的辣酱，供不应求之际，她有了把辣酱事业办大的灵感，从而开了个小加工厂，这个阶段，她积累了办厂经验，学会了经商的技巧；第三个阶段，她的"老干妈"麻辣酱越办越大，陶华碧实现了财富的积累。2015年，以68亿元身家登上胡润全球富豪榜。这个阶段，是她的第三个阶段。

陶华碧的人生历程告诉我们，命运不可预测，人生可以设计，只要你不安于第一个阶段的"无知无力"，努力吸取经验，第二个阶段才能走得扎实、不浮躁，不"这山看着那山高"，继续积累经验和知识。走完这第二个阶段，第三个阶段的黄金时期才会到来。人生的财富从第三个阶段开始。

不被资本捆绑，赢得市场尊重

资本的市场，是血肉厮杀的市场。存在任何侥幸心理，不负责任地运作，听之任之投放市场，都是对资本的侮辱。不对产品负责，必会受到资本市场的惩罚。"老干妈"从最初的小作坊到今天近三千人的大公司，四大生产基地，几条流水线日夜不停地繁忙生产，无不说明，"老干妈"企业在十几年的商业大潮中坚强屹立，销量稳中有长。它成立于改革开放之后，它靠着一个女人与命运"拼"，与造假者"拼"，与其他各类有实力后台的辣酱产业"拼"，种种拼命的运作、生产，在这个过程中，陶华碧不依靠任何外力，不求银行融资，一步步稳步扎实地做大、做强。

命运对于任何人都是不同的，有的人生在优渥的家庭环境中，想办什么企业依靠家族的力量就可成就梦想；有的人就得从一点一滴做起，从最初的小工厂小企业，哪怕只是一个小卖部，只要他懂得进取，一步一个脚印，不做夸张的扩大，也不看低自己，渐渐就会进入事业的佳境。陶华碧的经商模式值得每一个企业管理人员学习，在还没学会"跑"的时候，她用脚走路，终于有一天，她的企业长出了翅膀，带着她一起飞翔于蓝天白云。即使成为了企业明星，陶华碧并没有骄傲，她不止一次对采访的记者，对自己的下属说："我打下的江山，我就把它做好、做专、做精，我自己有多大能力就做多少事情。凭自己真本事做些事情，这样活得才有意义。不要想赚便宜钱，只要留得青山在，你还怕没得柴烧吗。好生生去做，自己打下一片天，我觉得才是真本事，才有意义。人的一生当中，遇到困难的时候很多，但是我不怕。国家商标局一位局长有一年来我们这里，说你们上市吧，我说我不上市；他说你控股吧，我不控股。我说我不控股、不参股、不上市、不贷款，这四条我跟他讲了，我不能输，输了有人笑话你。"

我们前文也叙述过，陶华碧有三不原则：不欠税，不上市，不融资。这和她说的"不控股、不参股、不上市、不贷款"道理是一样的。一个私营企业能够把产品覆盖全中国，做到"有华人的地方就有老干妈"，企业低调而扎实，没有到处融资，没有依靠明星广告，靠的就是自己的本事。事实上，我们国内的很多明星企业，不上市的有很多，可是不融资的比较少见。

雷军，著名的天使投资人，他的投资方向可谓是五花八门。从电商到YY，从房地产到移动互联网、迅雷、猎豹移动等，不少的企业在雷军的投资下得到了发展,但也有企业在融资的洪流中不知所措。凡客诚品 VANCL 开张后,雷军为凡客诚品的创始人陈年融资找钱,为凡客融资 5.3 亿美元,当时的一切雄心壮志都是美好的,不料却禁不住时间的考验,从 2008 到 2014 年,凡客经历商业转型、烧钱扩张、库存危机、资金断裂、电商血战、断臂求生等重重劫难,资本撑起来的美丽泡沫已然破灭。

乐淘网当年也颇有一番壮志,老板毕胜和小米创始人雷军、凡客创始人陈年都是朋友关系。2011 年乐淘网网站访问量和销售额排在鞋类第一名,一切本来顺风顺水,在一切看好的前景下得到了资本市场的融资,先后获得 7000 万美元的融资。乐淘有了钱,却使得创始人失去了定力,带着乐淘疯狂飙飞,成立子公司迅速扩张,狂砸广告费,结果成本失控,被迫贱卖(7000 万美元融资贱卖 1000 万人民币),真是令人心疼。

融资失败的事例已经让"老干妈"陶华碧看到了资本市场的绚丽不过是昙花一现,只有做好实业,不浮夸盲目扩大,就是平平淡淡坚持下去,就有成功的一天。

陶华碧从一开始创业,就没有任何所谓的天使投资人给她进行过投资,她受的苦,终于照亮了未来的路。雷军的融资模式,最终也带给雷军一些烦恼,正因为陶华碧能够坚持"自己的事情自己办",即使遇到资金短缺,依然不求人、不贷款、不融资,咬着牙把苦涩咽下,经过时间的发酵,看似普通的辣酱在她手里就变成了畅销全国的商品。作为一个准备长久立于市场的企业,要充分敬畏和尊重市场成长规律,有长期经营心态,一味追求短平快,会让企业栽大跟头。

陶华碧作为一个靠个人奋斗出身的商人,最初的小作坊式生产,没有融资的渠道,只有开饭店积蓄的一点钱,个性要强的她也从来不依靠借款做生意,也不拿别人的钱生钱,作为一个诚恳朴素的商人,她不想也不做借鸡生蛋的买卖。事业渐渐做大后,她也不奢望融资、控股那些事。天上不会掉馅饼,借的钱迟早还得还。"老干妈"企业在她的掌控下运营得风生水起,她就好像一个大家长,不搞歪门邪道,不参与资本风险投资,不控股,也不赊欠。凭着一个生意人的本分,不被资本绑架,反而赢得了市场的尊重。

企业的目的是制造顾客

　　一个企业的命根子,就是它的产品能够得到消费者的认可。正所谓"酒香不怕巷子深",一个产品如果能够达到时刻让人惦记的地步,那它就是一个成功的产品。在调味品市场上,"老干妈"的成功不是靠广告的轰炸作用,它完全是靠口碑建立起庞大的销量,让吃过它的人每一次吃饭都会想起它的味道。是金子总会发光,让人惦念的食品,总会有人千里迢迢去购买。企业的目的不是姜太公钓鱼——愿者上钩,它的目的是制造顾客。

　　有一个关于"老干妈"的真实故事在悄悄流传。彼时,"老干妈"企业刚刚建立不久,运货的车只有一辆小长安面包车,一位云南的重刑犯,自知来日不多,向监狱提出的唯一要求是想吃点"老干妈",那时云南市场上一时还买不到"老干妈",监狱联系企业,"老干妈"企业便寄了一箱去。人之将死,其言也哀,这个重刑犯在死之前,最大的愿望不是吃鲍鱼海鲜,也不是喝燕窝羹汤，竟然是吃"老干妈"，可见"老干妈"的威力之大，它能够让临死的犯人勾起对尘世的眷恋，它能够让一个心硬如铁的人涌起九曲回肠，它能够让一个没有人情味的男人重新拾起做人的本性。

作为辣酱产业的龙头老大，"老干妈"在制造顾客方面可谓是别出心裁。它最大的功劳，是能够顺应大部分人的口味，对原有的工艺进行了改进，适度降低了一点辣，虽然对喜欢吃辣的贵州人来说有点不太过瘾，可是它的产品在不太喜欢吃辣的地区所向无敌。北方很多人吃大饼，喜欢用大葱蘸酱吃，现在反而喜欢上了"老干妈"辣酱。一种口味替代了另外一种传统的延用多年的口味，其中必有它的理由，这个理由就是，"老干妈"制造了顾客，它对辣味的改进得到了北方市场的认可。

制造顾客是一个技术活，入门的，能够在一个契机到来的时候瞬间抓住，并改变自身命运；不能入门的，碰破脑袋也不一定成功。

当年清华搞了个一分钟创意大赛，有个同学突发奇想，做了一款洗眼镜的机器，从使用效果和技术层次上来看确实很好，但成本却超过了2000元。不得不说，这是一个不靠谱的需求。人们不会为了洗眼镜花几千元买个机器的；再例如可视电话，打电话时能看到对方的样子，但事实上很多人在打电话的时候并不希望让人看到，因此这就是一个伪需求。伪需求制造不了顾客，它看似高端大气，好像有一定的卖点，事实上，制造顾客的手段不是单单猎奇这么简单，它需要有实实在在的实用效果，它需要你把自己当作顾客，以心换心去体验、去面对。

"老干妈"在推广的过程中，一直延续"制造顾客"的手段去体验消费者的心理预期，它一切用产品说话，得到了消费者的认可。当年马化腾创立腾讯的时候，也没想到日后自己会靠这个"企鹅"挣得161亿美元，2015年荣登《福布斯》中国富豪榜。实际上，腾讯在研发这个胖胖的企鹅的时候，开始几年内并没有挣到什么钱，因为这个软件提供了一个免费聊天的平台。彼时的人们习惯在网吧上网，QQ以它的稳定性和便利性粘住了3000万的用户。这期间马化腾一直想卖掉这个OICQ，可惜没有人接手。免费的QQ让用户量逐日剧增，但对于马化腾来说却是个累赘，那个年代的老板也要想方设法找利润增长点，不像现在，只要有这么多用户，第二天就有VC（风险投资）自动找上门。彼时的腾讯，有用户却没有适合的切入点挣钱。直到有一天，划时代的时刻来临，随着移动电信业的发展，腾讯很好的契入这个平台，迅速找到了自己盈利的契机。对于拥有2亿用户的腾讯，移动无线增值服务占了移动50%～70%的营业额。后来腾讯又开始了各种会员、钻、宠物等等的开发，很有远瞻性地收了几家游戏公司，然后空间里的各种网页游戏就出来了……对于一个一开始就拥有无数客户的腾讯来说，最初的它是迷茫的，甚至老板想卖了这个OICQ。最终随着移动电信和腾讯的结合，很多人出外旅游一个人也不用害怕没人聊天了，手机上的各类套餐就可以解除你的寂寞。

所以，有了用户你才有时间去思考盈利模式，去思考怎么盈利。腾讯用17年时间以先制造用户，后挣到钱的方式，已经得到了各种互联网产业的首肯。大家几乎都在努力效仿这种方式，争取让更多的用户进入自己的项目网页，几乎一切都是免费的。大家经营的其实还是用户，有了用户就有了入口，就有了商业成功的机会，当你推出间接或者直接收费的项目才会有成功的可能。所以如何吸引眼球、制造卖点来制造用户，成为各类企业面临的首要问题。

曾有一个故事，说明了制造顾客的重要性。是说有一个创意策划公司，有一天来了一位不速之客——一位蓬头垢面的叫花子找上门来，自称乞讨门槛太低，竞争太激烈，让此公司为自己策划一番，以求提高自己的乞讨业绩。

该公司沉思良久，给该叫花子出了个主意。首先，他询问了叫花子的姓氏，得知该叫花子姓李后，建议对方首先要建立自己的品牌，于是"叫花李"这个名子就出来了；当听到"叫花李"诉说自己上午在人民广场乞讨，下午站累了就去散散步捡捡破烂时，该公司策划人建议"叫花李"走专业化道路，不要既乞讨又捡破烂，只有把"乞讨"这一行做大做强后，才能多元化经营。一会儿干这个，一会儿干那个，品牌不够集中。该"叫花李"频频点头，说自己原来也曾辉煌，当过老板，后来就是因为干干这个又干干那个，赔了钱，老婆跑了，房子抵押了，不得已干起了这一行；策划人员接着建议，让"叫花李"就在一个地方坚守着，手里拿个碗，碗里放上块儿八毛的，在面前再立个牌子，上面写上"叫花李"。有了品牌，这还不够，策划人接着让"叫花李"必须在竞争方式上与其他乞讨者区别开来，必须差异化经营，让别人觉得他有个性、有特色、与众不同。所以建议"叫花李"不管别人给多少钱，只收五毛。

"叫花李"不太明白，难道有人给我一元我还找人家五毛不成？又或者人家给我两毛，我收是不收？如果不收，这不是办傻事吗？

策划人说，要想在一个行业有所突破，就必须这么做，刚开始是有点损失，但会给施予者造成深刻的印象，回家给别人一宣传：有个"叫花李"，品格高尚，不贪图钱多，还找给人钱；另外那些给予的钱少于五毛的也会回家宣传：今儿个有个怪事，人民广场有个乞丐，有个性，还有最低消费呢！在这些人的免费宣传下，等于免费给你树立了形象，知名度增加了，属于无形资产，你聚集了人气，不愁钱不来。

"叫花李"回去后，照着策划人的要求去做了，只收五毛，哪怕人家给一百他也会找给人家九十九块五。事情一传扬出去，"叫花李"果然名声大震，过了一段时间，他带着丰厚的礼金来感谢这名策划人。

"叫花李"说："你说也怪了，那几个和我一同在人民广场乞讨的，长得比我惨，可他们一天却要不来几个钱。"

策划人看着在乞讨市场日益成熟的"叫花李"说："这你就不懂了，麦当劳的老板曾经说过，不要以为麦当劳是经营快餐的，其实麦当劳是经营房地产的，通过做餐饮把一个个好地方都给占了。你也一样，不要以为你是经营乞讨业的，你是经营娱乐业的。你在乞讨的同时，给大家带来新奇、带来快乐。"

"叫花李"惊奇地说："真的？没想到我的工作这么崇高。"

"你是赶上好时候了，要是20年前，物质还十分缺乏，大家挣的钱只够吃饭，你要钱即使就是要出花来，也没人理你，可现在不同了，物质是丰富了，可人越来越精神空虚，总想寻求刺激，如果听说哪里有个三条腿的蛤蟆，都要开车几十公里去看看。大家给你钱，不是因为你值得同情，是因为你这个行为比较有趣。当然，我要是给你讲罗永浩的锤子手机卖的是情怀，不是手机，你可能不太懂。"

"我懂，我已经买了一个iPhone6s，你看看，我已经为情怀埋单了。""叫花李"拿出一款苹果手机，尊敬地递给策划人："这个就给你了，算是我给你的策划费。"

从创意公司回去后，"叫花李"继续搞"眼球经济""娱乐产业"，在他以"情怀"为卖点的创业方式下，收入递增，据说现在已经开了个分店，雇了个乞丐帮他看摊了。

这个故事虽然有搞笑的成分，可是它讲的却是一个制造顾客的道理。制造顾客不仅仅要立品牌，还要主动树立与众不同的形象，哪怕最初吃点亏，可是一旦形象树立起来了，就是无形的资产。当销量剧增后，再以"情怀"为卖点，紧紧粘住消费者的心。

陶华碧的"老干妈"在制造顾客方面有着强大的推动力，其成功原因如下：

第一，以广泛的口味取胜。中度辣且偏甜，适应的地域范围比较广。

第二，辣酱里包含的不少实实在在的鸡块（比较大的鸡丁），对食客很有杀伤力——即使到目前，能够做到用真材实肉而非添加剂调味的产品依然不多——而且它能神奇地做到，基本开罐口就有一块鸡肉。

第三，推出时期早，在行业大发展的前期就进入布局。

第四，正好赶上了"辣文化"在全国的传播，乘风而动——所谓"盛世吃货多，菜肴也精进"。

第五，品牌塑造虽不算上佳，但非常易记、易传播。

陶华碧的成功不是偶然。尊重顾客、制造顾客、一切以顾客为主，让她最终并且一直赢得顾客的信任。满足了顾客，顾客也会满足你，能让顾客惦念，就是成功的第一步。

行走商业，必有一两门独门绝技

不依靠外来资源的企业有很多，家族企业算是一种。依仗祖上几代人的努力起家的李锦记，跨国生产不上市，也不融资，和陶华碧的"老干妈"有着共通之处。可是李锦记毕竟创立于1888年，100多年的发展使得它有着雄厚的实力敢对资本说不，陶华碧的"老干妈"企业创立于1997年，短短10几年时间，她就可以面对各路雄厚资本市场说不，敢于和家族渊源的对手竞争，敢于自力更生、独立创业。这份霸气，就是被陶华碧这一个普通的女子做到了。她并不高大，一百来斤的体重，却独立而坚强。有人说，一个有着商业头脑的弱女子，必定有其出乎其他商人的独到之处。她的隐忍，她的勤奋，成就了一个企业的诞生。她的负担终于有一天成为了她人生的礼物，她吃的苦照亮了来时的路。

我们不妨摘取陶华碧经商策略最为聪明和霸气的一条，来看看这个弱女子，是如何把"老干妈"辣酱铺向全中国的。

21世纪初，就在绝大部分企业还停留在固步自封，自己生产，等待经销商主动上门采购的经营观念时，陶华碧却勇敢地走出不同于其他商家的两步：第一，自己负责物流运输；第二，只选择大经销商。

一个企业在最初攻打市场的时候，基本上是没有话语权的。彼时，陶华碧知道自己的辣酱在全国的名气还不大，市场的拓展是一个问题。好在陶华碧有着"自己欲得利，先让对方得利"的朴素观念，没有市场，可以主动出击，处处让利于经销商。她开办企业稍有盈利，就买了一辆运货汽车，派专人给各地的经销商送货。

彼时的贵阳远不如今天交通便利，陶华碧的"老干妈"麻辣酱又开在云关村，信息相对来说比较闭塞。陶华碧为了闯出去，让更多的人认识"老干妈"，吃到"老干妈"，她毅然做了决定，自己负责运输，直接送到经销商的门口。这一招可谓是手段高明，聪明绝顶。当时的王致和豆腐乳凭着300多年的老字号，坐在家门口等待着各地大小经销商前来采购，没有物流运输服务，没有一批二批经销商之说，各地经销商奔着王致和的名头来拿货，回去了怎么卖，王致和公司也不关心；当年的"阿香婆"香辣酱营销势头正旺，"阿香婆"由于创立得早，进入市场也早，名气远远大于"老干妈"。"老干妈"的出现并没有引起"阿香婆"很大的警醒，彼时的"阿香婆"正在进行大规模扩充，上了不少项目。"老干妈"刚刚进入市场时，"阿香婆"没有把"老干妈"放在眼里。

所有的苦难都不必理会，你只管努力，剩下的交给时光。陶华碧默默地耕耘着，时光终于在十六年后给予了她丰厚的馈赠。2015年，她以68亿的身家登上胡润全球富豪榜。

我们继续回到创业伊始的艰辛岁月：陶华碧为了对抗大区域经销商对"老干妈"不理会不采购的态度，她采取了主动出击的方式，主动送货上门。哪怕自己麻烦一点，也给经销商以方便。这一招让经销商比较欣喜，于是推销"老干妈"也就有了动力。命运一次又一次给陶华碧制造麻烦，陶华碧一次又一次迎头反击。事实上，我们每一个人都会有处在低谷的时候，也都会慨叹命运不公平，资源有限，社会不平等。如果你能不停地努力，有了资源，有了话语权的时候，你就争取到了公平的机会。陶华碧在最初没有任何资源的情境下，努力制造机会,给经销商以便利。多年后,当"老干妈"成了规模,各地供不应求,此时的陶华碧已经有了话语权,要求经销商预付2千万定金,这就是一个强者的路。不要抗议社会公平不公平,自己没有拼爹的资源,只要不停地努力,即使遇到沟沟坎坎,跪着爬行也是前进的一种方式。

陶华碧从一开始找经销商的时候,就奔着大的经销商去。只有大的经销商,才能够有力度地推销"老干妈"产品,才能够星星燎原,扩充市场。大的经销商进行铺货,可以说具有一种无形的广告作用,它要达到销售目的,就必须进行二批的开发布局,这就形成了经销网络遍布区域,便利店、商超,甚至菜市场等。"老干妈"产品随处可见,现在更是走出国门,进入国际市场。

王致和当年等待经销商上门的方式可以说错失了不少商机,由于路途问题,南方经销商较少去北京采购,等到王致和有意识地布局南方市场时,却为时已晚。

从"老干妈"的经营模式来看,它在没有广告费用的前提下迅速扩张了领地,直至把"阿香婆"挤出了市场,这种能力就是选择了大的经销商。不要小看经销商的作用,他比花多少钱做广告都有效用。有时候广告做不到的,经销商就能给你做到。

俗话说,县官不如县管,经销商对本地区域市场的认识和把控能力肯定比外来厂家要强,而且大一些的经销商都有自己的业务团队、配送车队、销售网络,所以对于"老干妈"这样没有个人资源的厂家,就需要借助经销商的平台将自己的产品畅销全国,而不必花费大量的精力投入人力、物力等进行市场开拓。陶华碧资源不够,可是她却懂得借力,借用大经销商的能力,对大经销商实行各种优惠,再加上产品的口味适合全国市场,迅速地占领了地盘,为以后成就龙头老大的地位树立了风向标。

不要小看经销商的力量,山东的周村区隶属山东淄博,历史悠远,古老的风铃渐次消弥在历史长河中。这几年忽然闻名全国,被无数人惦记,就是因为它的特产"周村烧饼",而周村烧饼之所以风靡全国,就是大区域经销商的功劳。没有各地的经销商去采购,去到各个摊点、超市、百货甚至火车站去铺货,我们也就不会在随处可见的摊位前看到并且吃到这薄如蝉翼的周村烧饼了。

厂家和经销商是上下游的关系。经销商属于厂家的下游,它服务于厂家,经销商的下游就是各类超市摊点,下游销量好坏,直接影响着上游的生产量和送货量。经销商之间也需要配合和制约,如果没有严格的限制,也会给厂家造成一定的麻烦。

小李在一家生产厨具的工厂做销售工作,销售的电饭煲价格为350元一台。厂家为了增加销量,最近在一座重点城市建立了两家一级经销商。经销商的建立确实大大增加了厨具的销量,今年销售量剧增,市场占有率跃升至行业第一。但也给企业带来了一些不利影响,两家一级经销商之间为了抢夺市场,互相压低价格,竞争激烈,利润降得极低,相互间抢夺客户,同行皆有抱怨。如果任由此种情况继续发展下去,将严重影响该区域市场的发展。因此,公司为了调节矛盾,采取了划定销售区域、最低市场销售限价、两家重组为一家经销商等措施,但终因渠道间配合度差,收效甚微。

可见,制约经销商之间的不正当竞争是一件技术活。陶华碧早就预见到了这种情形的发生,在最初布局的时候,就选择大的区域经销商,而且现款、现货。不论是最初的作坊式加工，抑或是后来规模扩大后一天200万瓶的产量，都是一手交钱一手交货；陶华碧对于下游经销商还进行了严格的地域划分，严格限制两个不同地区的窜货行为，由于每个经销商都预付有2千万的押金，这个押金就是管理这些经销商不正当竞争的封条，如果有经销商"越界"去了相邻地区上货，一旦得到消息，陶华碧就会对违规的经销商进行处罚；陶华碧还规定反低价竞争。相邻两家经销商的"老干妈"价格必须一样，不能为了销量而故意压低价格，如果恶意竞争，势必会给其他经销商带来压力，互相压价的结果就是谁也挣不到钱，这一点陶华碧心里是很清楚的。

陶华碧作为"老干妈"的掌门人，掌握着经销商的大方向，多年来，她和经销商的关系如同鱼和水的关系。一个制度的建立，有着严格的执行力度，这一点在经销商身上也得到了印证。归纳起来，她和经销商保持着良好的合作关系，其原因如下：

第一，先打款后发货，现货、现款。

第二，以火车皮为单位，量小不发货。

第三，不搞任何宣传。"老干妈"没有广告，没有活动，自然也不会给经销商补贴宣传费用，由于"老干妈"利润空间很低，一瓶甚至只有几毛钱的盈利，所以做广告对于他们是一种铺张浪费。

第四，大区域布局，一年一次经销商会。陶华碧在经销会议上以各种形式回馈经销商，她是一个办事利落、把钱看得开的女人。

一个商人必须有那么一两件拿得出手的"利器"才能屹立不倒。寻找大的经销商，在没有资源的情境下借力于大经销商，就是陶华碧的"利器"。

有华人的地方就有"老干妈"

陶华碧，一个普通的女人，一个没读过一天书的贫家女子，她的前半生有多么苦，后半生就有多么大的毅力和坚强。她从一瓶只有5元钱的辣酱，做成与茅台齐名的品牌；她20年来，只贷过一次款，从来都是一手交钱一手交货；她解决了550万农户的农产品销路问题，她创造了"有华人的地方就有'老干妈'"的奇迹；她荣登2015年胡润全球富豪榜……

看着上面一系列的数据，一系列的成就，一系列的奇迹……笔者禁不住再一次审视这瓶普通得不能再普通的辣酱。

普通得不能再普通的瓶型，既不标新立异也不哗众取宠。一瓶辣酱也就250克左右，辣的东西既不能吃得太多，贪吃的吃货们也不能多吃，250克左右的分量，可以吃上几天。自从"老干妈"把自己定位成快消品以来，其便捷、轻巧、容易携带等特点更适合坐火车或者长途旅行的人。有时候似乎无人意识到它的存在，只有在吃饭的时候人们才会想起它，它才会派上用场。它就像孙悟空耳朵里的金箍棒，用不着的时候，随便塞在什么地方，哪都能让它容身，用得着的时候，它就让你惊喜，带给你舌尖的享受。那回味悠长的延绵辣香，那泛着油的咸香绵软，那酥脆的花生豆和糯软的豆豉，即使是在遥远的异国他乡，在冰天雪地的困倦日子，在处处都是陌生人的忧冷心境中，刹那看到它——大红的底子，黄色框架内的文字，瓶贴上面那带着一点忧郁神情的"老干妈"，就好像自己那远在家乡含辛茹苦的妈妈注视着你，霎时让你感受到了来自家乡的温暖，刹那给你冰封的心带来火辣辣的问候。

正因为"老干妈"吃着好吃，各种风味配以不同的菜肴、主食、汤羹，所以，它温暖了远在他乡游子的心。"老干妈"是我们所有人的佐餐开胃美味，不论是我们拌在米饭里，还是涂在平淡寡味的馒头上，有了它，就两个字：好吃。

"独在异乡为异客，每逢佳节倍思亲"，漂泊在外的游子忘不了它。"老干妈"是游子海外的亲人，"老干妈"就是思念亲人的味道，有华人的地方就有"老干妈"。

或许是众望所归，或许是"老干妈"独特的魅力，它不仅仅征服了消费者，征服了海外的游子，还征服了饮料界的老大——娃哈哈企业。

娃哈哈贵州分公司的一位渠道经理说："有华人的地方就有'老干妈'，它最大的意义就是提高了华人对辣椒的接受度和依存度。改变了华人的口味。"

看来，还是商界的生意人说到了点子上，即"老干妈"提高了华人对辣椒的接受度和依存度，并改变了华人的口味。乍看这句话，说教的成分多一些，当我询问了相关的专家才明白，"老干妈"陶华碧的影响力，岂止是研制成了一种调味剂，简直把全体华人的口味都进行了一次大的颠覆和改革。这次改革，颠覆了以往华人口味的繁杂。它的出现，调和了各地华人的味蕾喜好。不论是喜欢食甜的南方，还是喜食咸味的北方，或者是喜欢腌制各种酸菜的西部，都从最初对辣味的抗拒，对辣味的不接受，逐渐变得离不开辣，尤其是离不开"老干妈"所具有的辣。当然，喜食辣的东部地区百姓更是离不开"老干妈"了。

相信你肯定吃过不止一种品味的"老干妈"，如果你细细品味，你会发觉，"老干妈"里面的口味，因为辣占主体，所以有时候你可能会忽略掉它的其他美味。"老干妈"是陶华碧经过数十年的时间辛苦研制而成，里面有一种特殊的药草，能够延长豆豉的保质期。

说起豆豉，也就是"老干妈"辣酱里的豆类，但是你吃"老干妈"辣酱的时候，它里面并没有很浓重的豆腥气味，原因在于里面的豆类是经过发酵处理的，即豆豉。"老干妈"里面最重要的原料就是辣椒和豆豉。豆豉的存在调和了辣椒的冲味，使得辣味变得回味绵长，而且豆豉还有药用价值，中医认为，豆豉味甘微苦，有发汗解表、清热透疹、宽中解烦、宣郁解毒的功能。可以缓解感冒、头疼、胸闷烦呕、伤寒寒热及食物中毒等病症。

每一件成功的杰作，都是由成百上千次的试验失败凝聚而成。爱迪生发明电的经历就是证明。在发明电之前，爱迪生记满了200多个笔记本，只是为了找到一种合适的灯丝。他先后用过白金丝、铜丝等1000多种材料，还用了头发和不同的竹丝，最后经过数千次的失败，他才选用了日本的一种竹丝。爱迪生的成功已经告诉我们，成功是百分之九十九的汗水加上百分之一的天分；诺贝尔奖获得者屠呦呦在发现青蒿素之前，进行过190次失败的实验，孩子都没时间照顾，她就把孩子带回老家让母亲抚养。终于在第191次试验之后，她成功了。

陶华碧的"老干妈"之所以能够覆盖大江南北，就在于她做到了口味醇正。正是因为她经过无数次的试验，才终于成就了一种南北通吃的味道，造就了"老干妈"一统辣酱江湖的地位。

"有华人的地方就有'老干妈'"，此话不假。南甜北咸菜，东辣西酸汤，国人的口味习俗早已形成了数千年，是陶华碧精心的研制改变了华人味蕾的地域区分，使得更多的人都爱上了"老干妈"。

笔者在学习营养学、准备成为一名营养师的时候，曾问过导师，为什么我们国家百姓的口味如此繁杂，它不像欧洲国家比如美国，就喜欢一样味道，即甜食。

美国食物比较单一，主流食物就三样：水果、蛋糕、冰激凌。中国就复杂多了，酸甜苦辣咸，萝卜青菜，各有所爱。我疑惑不解，造成这种现象的原因到底是什么？

导师告诉我说，中国地大物博，除了各种食材种类繁多以外，还有地理上的原因，造成了中国人喜好的不同。比如我国南方气候湿热，盛产水稻，因此以大米为主食，再加上南方比较炎热，天气一热消耗就大，吃甜食可以快速补充身体所需的营养。举个例子，有些人坐久了忽然站起来会头脑发晕，眼前发黑，这时候赶紧吃一块糖，就可以好转。还有些营养不良的会去输葡萄糖，也是补充身体所需的营养而已。从这个方面来讲，南方盛产米和甘蔗，正是制作糖类的好材料，有着便捷的条件，南方人喜欢甜食就好理解了。

而北方气候相对寒冷，以小麦作物加工而成的面粉为主食。再加上北方尤其是内蒙古一带，因气候原因缺少新鲜蔬菜，就有了鲁迅先生说的"胶东的白菜运往北京，便用红头绳系了菜根，倒挂在水果店头，美其各曰'胶菜'"，就是指此。因为菜类的缺乏，北方人喜欢腌制各种咸菜用以储存，慢慢就形成了自己独特的饮食习惯，即喜欢吃咸的。

爱吃酸的西部人主要指山西人，山西人喜欢吃醋，山西老陈醋扬名世界。之所以这个地方的人喜欢酸性食物，原因在于西部尤其是云贵周围地区，土地具有碱性，含大量的钙，这些地区的人多吃酸的食物可以平和胃里的碱性物质，以减少结石。

再就是贵州、四川、湖南等地的人喜好的辣了。因为这几个地方气候潮湿多雾,身体湿度和空气的湿度相当,身体汗液排不出去,需要吃些辣的食物出出汗,以帮助汗液排泄。经常吃辣的可以驱寒祛湿、养脾健胃,有利于身体健康。

纵然国人口味多变,南北不同,但总有一个人将不同调成"相同",她就是陶华碧。陶华碧作为"老干妈"的掌门人,使得"有华人的地方就有'老干妈'",喜欢吃"老干妈"的人遍布各地,甚至国外都有"老干妈"的粉丝。

一些留学生临出国前,必带几瓶"老干妈"。他们说,之所以带上"老干妈",是因为"老干妈"在他们学生时代就陪伴他们,他们习惯了它的味道。

有时候你喜欢一种味道,是因为它能勾起你那浓浓的乡情。

参考文献

1.《经济学》,(美)保罗·萨缪尔森,人民邮电出版社,2008.1.1。

2.《生产、信息成本和经济组织》,(美)阿尔曼·艾尔钦、哈罗德·德姆塞茨,1972。

3.《创新公司:皮克斯的启示》,(美)艾德·卡特姆、埃米·华莱士,中信出版社,2015.3.15。

4.《课堂中的皮格马利翁——教师期望与学生智力的发展》(美)罗森塔尔,人民教育出版社,2004.9.1。

5.《富甲美国:沃尔玛创始人山姆·沃尔顿自传》,(美)山姆·沃尔顿,(美)约翰·休伊,江苏文艺出版社,2015.6.10。

6.《营销女皇董明珠》,张廷伟,中华工商联合出版社,2007.7.1。

7.《拍脑袋的艺术》,李峰,《中欧商业评论》,2012年7月刊第51期。

8.《俞敏洪:明年创业是个潮流》,俞敏洪,《新京报》国内时政版,2010.11.11。

9.《如果你是老板》,吴量,中国传媒大学出版社,2006.1.1。

10.《"老干妈":我卖的是味道,不是包装》,刘长德,2010.6.25。

11.《云关村与老干妈的故事》,李运娥,贵州人民出版社,2010。

12.《从易学分析贵州"老干妈"著名品牌》(www.yihun.com),李荣昌。

13.《辣道至简》,李琦晨,新世界出版社,2015.7.1。